Verlaine,
première manière

Ouvrage coordonné par
Arnaud Bernadet

Verlaine, première manière

Poëmes saturniens, Fêtes galantes
Romances sans paroles

(1866-1874)

CNED

La coordination de la collection CNED/PUF est assurée par une équipe de professeurs de l'Institut du CNED de Vanves (Bruno Roger-Vasselin et Pierre Seban) sous la responsabilité d'Élisabeth Pédot-Jaugin.

POUR CONTACTER LE CNED
www.cned.fr

ISBN : 978-2-13-056466-9

Dépôt légal — 1re édition : 2007, octobre

6, avenue Reille, 75014 Paris

Liste des abréviations

Par souci d'économie, et pour la clarté de la démonstration, on adoptera dans l'ensemble de l'ouvrage les sigles suivants :

I. Corpus principal

Toutes les références de cet ouvrage renvoient à l'édition de Jacques Borel dans la collection « Poésie », Paris, Gallimard, 1973. Le nom du recueil est spécifié chaque fois, suivi du numéro de la page.

Ps. *Poëmes saturniens* (1re édition : 1866, Alphonse Lemerre)
Fg. *Fêtes galantes* (1re édition : 1869, Alphonse Lemerre)
Rsp. *Romances sans paroles* (1re édition : 1874, atelier Maurice L'Hermite)

II. Autres références

Po. V., *Œuvres poétiques complètes*, Paris, Gallimard, « Bibliothèque de la Pléiade », 1989 [1962]. Texte établi et annoté par Y.-G. Le Dantec, édition révisée, complétée et présentée par J. Borel.

OB1. V., *Fêtes galantes,* précédé de *Les Amies* et suivi de *La Bonne Chanson*, édition d'O. Bivort, Paris, Les Classiques de Poche, 2000.

OB2. V., *Romances sans paroles* suivi de *Cellulairement*, édition d'O. Bivort, Paris, Les Classiques de Poche, 2002.

Mu. V., *Romances sans paroles*, édition critique de S. Murphy avec la collaboration de J. Bonna & J.-J. Lefrère, Paris, Honoré Champion, 2003.

Pr. V., *Œuvres en prose complètes*, Paris, Gallimard, « Bibliothèque de la Pléiade », 1972. Texte établi, présenté et annoté par J. Borel.

Op. V., *Œuvres poétiques*, Paris, Garnier, « Classiques », 1994 [1969]. Texte établi et annoté par J. Robichez.

Cg. V., *Correspondance générale (1857-1885)*, t. I, établie et annotée par M. Pakenham, Paris, Fayard, 2005.

Co. V., *Correspondance*, t. I, 1922, t. II, 1923, t. III, 1929, publiée par A. V. Bever, Genève-Paris, Slatkine Reprints, 1983.

Rv. *Revue Verlaine*, Charleville-Mézières, Musée-Bibliothèque Arthur Rimbaud, depuis 1993.

L'édition au programme

Dans le cadre du programme des Agrégations de Lettres 2008, le choix de l'édition Jacques Borel dans la collection « Poésie » (Gallimard, 1973) est aberrant au plan philologique. En dehors du critère économique et matériel (son statut pratique mais discutable d'anthologie), cette version présente peu d'intérêt, effet que compense à peine l'appareil de notes particulièrement succinct et faible. Or non seulement il existe de bien meilleures et sérieuses éditions sur le marché (celles de Jacques Robichez en Garnier Classiques, de Steve Murphy chez Champion, d'Olivier Bivort pour Les Classiques de Poche), mais la version Borel a ceci de particulier qu'elle multiplie les coquilles et les erreurs, déparant à ce point les recueils que le lecteur est en droit de se demander quel Verlaine il est en train de lire réellement. On trouvera donc ci-après une liste d'erreurs à rectifier, qui n'est pas exhaustive, malheureusement.

ÉDITION BOREL	**CORRECTIONS**
Poëmes saturniens	
Titre : *Poèmes saturniens*	*Poëmes saturniens*
« Prologue », p. 36 : « un rythme âpre » (v. 36)	un rhythme âpre
« Prologue », p. 37 : un blanc est placé entre les vers 68 et 69	Ce blanc est inexistant dans l'édition originale
« Nuit du Walpurgis classique », p. 56 : « l'air de chasse de *Tannhaüser* » (v. 16)	*Tannhauser*
« Chanson d'automne », p. 58 : un blanc sépare les vers 9 et 10	Il n'y a pas de blanc mais un sizain compact, graphiquement, de forme *aabcbc*
« La Chanson des ingénues », p. 63 : rime fausse aux vers 9 et 11, « prés » et « vesprées »	prées – vesprées (licence en accord avec la règle classique d'homographie)
« *Il Bacio* », p. 75 : « Gœthe ou Will » (v. 12)	Goëthe ou Will
« La Mort de Philippe II », p. 86 : « Ft puis » (v. 20) ; coquille de l'éditeur	Et puis
« Épilogue, III », p. 93 : « au bords des *lacs* » (v. 56)	au bord des *lacs*
Fêtes galantes	
« Dans la grotte », p. 102 : l'alexandrin qui alterne comme mesure secondaire avec les octosyllabes est aligné	Dans l'édition originale, l'alexandrin sort, il est décalé à gauche par rapport aux octosyllabes dominants
Romances sans paroles	
« Ariettes oubliées, VI », p. 130 : « palsambleu » (v. 19)	palsembleu (orthographe attestée du juron, présente dans le manuscrit, et les trois éditions du recueil {1874, 1887, 1891}) La forme *palsambleu* (v. 18) est utilisée, en revanche, dans « Lettre », p. 115
« *Child Wife* », p. 152 : « bêlâtres » (v. 15)	bêlâtes

Sommaire

DEUXIÈME PARTIE
RECUEILS ET MANIÈRES
Essais de lecture

TROISIÈME PARTIE
UNE « LANGUE RENOUVELÉE »
À l'épreuve du poème

Introduction
Le premier Verlaine, ou le sens de l'aventure

ARNAUD BERNADET

> Un poème est fait de ce vers quoi on va, qu'on ne connaît pas, et de ce dont on se retire, qu'il est vital de reconnaître.
>
> Henri Meschonnic[1]

Dans « *Torquato Tasso* », alors que *Poëmes saturniens* n'a pas encore paru, Verlaine décrit le poète comme « un fou perdu dans l'aventure » (*Po.*, p. 21). Pour cet artiste débutant, n'est-ce pas là déjà une façon de livrer son autoportrait ? Sans doute ce talent émergent est-il précisément en quête d'un public ; il a soif de lecteurs, sensibles et compréhensifs, capables surtout de saisir les accents nouveaux qu'apporte sa voix, assez peu conformiste, dans la poésie française. Mais il n'a pas encore acquis le statut véritable d'auteur, dans l'acception institutionnelle du terme, qui le consacrerait symboliquement auprès de ses contemporains. N'importe, l'œuvre est en marche, et ne s'arrêtera qu'avec la fin du siècle.

À vrai dire, l'interrogation que Verlaine place ainsi au seuil de son œuvre est récurrente dans les vers et les proses jusqu'à *Confessions* ou *Invectives*. Dans le sonnet de jeunesse, elle épuise toute l'attitude du sujet. L'inquiétude se mêle chez lui à la revendication. Sous le patronage du Tasse et de la *Jérusalem délivrée*, le poète ne projette pas d'écrire une nouvelle épopée, un genre qu'il ne pratiquera guère d'ailleurs que de manière décalée et parodique. Il envisage plutôt héroïquement l'acte créateur, comme si l'expérience de dire, l'invention de la valeur dans le langage étaient devenues l'épopée même. Et s'il « chante pour soi-même et pour la race future » (*idem*), ses exploits artistiques sont d'emblée soumis

1. H. Meschonnic, *Célébration de la poésie*, Paris, Verdier, 2001, p. 252.

à une tension entre l'individuel et le collectif. D'un côté, sa création ne se résout pas dans une expression narcissique ou égotiste, à laquelle on l'associe trop souvent : « Chanson d'automne », « Il pleure dans mon cœur... », etc. Elle risquerait de perdre d'elle-même sa vocation transsubjective : la *descendance* ou la *postérité* auxquelles elle aspire et qui, même entendues comme ici sur le mode aristocratique ou élitiste, en garantissent le devenir. De l'autre côté, il n'existe pas d'orientation collective de la poésie qui ne trouve aussitôt sa condition dans l'avènement d'une singularité inimitable de l'écriture.

À cet égard, la rime d'apparence banale qui unit dans le texte « aventure » à « future » concentre l'éthique de Verlaine. Car elle oblige d'abord à considérer l'étymologie latine de forme populaire *adventura*, ce participe futur neutre pluriel, « les choses qui arrivent, qui doivent arriver », propre à qualifier ici le geste littéraire. Elle y inscrit autant de virtualités et de possibles, au sens où la relation fondamentale que la subjectivité entretient avec l'art est une relation à l'inconnu. Inventer du nouveau, c'est se défaire des conceptions déjà établies de la littérature, des catégories déjà définies de la valeur. Le déjà-dit et le déjà-lu appartiennent au contraire à l'ordre du connu. L'œuvre ne ressortit à l'aventure que si elle réinvente les critères mêmes de la *littérarité*. Écrire, c'est donc capter ce qui arrive au sujet, à la fois siège et acteur de son propre discours. Sans ce rapport paradoxal de dépossession, sans cette défection du savoir, qui n'excluent pourtant ni la culture ni la maîtrise technique (du vers ou du récit, par exemple), le texte n'est plus que répétition ou copie. Il laisse lire l'histoire de la poésie, tout ce qui l'a précédé, des formes d'avance reçues et reconnaissables. En se comparant à un « fou perdu », le poète selon Verlaine incarne cette relation à l'inconnu. En excès devant les normes culturelles, sociales voire politiques, l'œuvre participe d'une logique étrangère à la raison. Elle ne saurait se penser toutefois simplement comme déviante ou transgressive. Elle inaugure plutôt une autre rationalité, un nouvel ordre du sens. Cela implique chaque fois que le sujet de l'écriture s'arrache lui-même à ses repères, jusqu'à la dissolution de soi.

Ce goût du risque, les pouvoirs du « songe » auquel Verlaine attache alors la « vérité » (*id.*) de l'instance, n'en représentent qu'un moyen parmi d'autres. Ils libèrent néanmoins ce que le poète appellera, dans *Épigrammes*, XVI, 3, « la Vie intense » (*ibid.*, p. 867) : une manière de vivre dans le langage, non pas sur un plan supérieur, ou à l'écart des autres, mais en instituant au contraire sa pensée et son corps, l'imaginaire et l'affect comme un lieu de partage. C'est à ce niveau que le sujet peut prétendre « ressusciter dans l'immortalité » (p. 21). Certes, Verlaine n'espère qu'une « gloire lente » (*id.*), mais cette lenteur annonce déjà celle des chantres fiers et empourprés du « Prologue » de *Poëmes saturniens* : elle indique un rythme personnel, une temporalité intérieure, en pleine discordance avec le monde contemporain. Sur cette base s'établit un conflit, inscrit dans la trame prosodique du texte, entre le « *n*om » de l'artiste et la « *n*uit » (*id.*) qui l'entoure. Celui qui désire parvenir à la lumière, placé ensuite sous l'influence maléfique de Saturne, essaiera plutôt de faire « retentir » son « nom » (*Ps.*, p. 94). En transférant l'expression de la gloire du champ visuel à l'espace sonore, par la rime avec « Memnon », l'« Épilogue » de *Poëmes saturniens* introduit la distance d'un pastiche qui fait encore défaut à « *Torquato Tasso* ». Entre les deux, l'enjeu reste cependant le même : le lien primordial de l'œuvre et du temps témoigne du sens que Verlaine, fidèle à l'éthique qui la fonde, se fait de son aventure.

L'ŒUVRE ET LE TEMPS

La dynamique créatrice que Verlaine réclame dans le sonnet, la *manière* en est la condition, si l'on entend par là l'identité d'une écriture, irréductible à la diversité des processus formels (syntaxiques, métriques, rhétoriques) qu'elle met en œuvre et dont s'occupe positivement et techniquement le style. La manière est la signature même du texte, le nom de ce qu'il comporte d'inimitable : elle atteste toujours la présence d'un sujet. Cette dimension maximalement individuée et individuante d'un poème engage avec elle de nouveaux modes de voir, de sentir et d'entendre auxquels se reconnaît très précisément son originalité[1].

Cependant, le sujet n'est sujet de sa manière que s'il est sujet de son temps, et réciproquement. *Son temps*, c'est-à-dire non pas la période dans laquelle l'œuvre s'inscrit, même si cette dimension se révèle également significative, mais le temps que crée l'œuvre. En fait, l'historicité des textes

1. Sur cette question, je renvoie à l'essai aussi fondamental qu'incontournable de Gérard Dessons, *L'Art et la Manière – Art, littérature, langage*, Paris, Honoré Champion, 2004.

est plurielle. Verlaine considère d'abord une périodicité des manières. À propos du parnassien Catulle Mendès, il évoque par exemple « des vers de sa seconde et de sa première manières, l'indoue et l'élégiaque »[1]. Cette analyse semble obéir à une chronologie, qui ne coïncide pas nécessairement avec l'évolution du siècle et suit, en revanche, les mutations décisives d'une parole. Dans le cas de Victor Hugo, des « événements tant matériels que mentaux », relatifs à l'exil, se révèlent toutefois « déterminatifs de sa seconde manière »[2]. Ainsi, toute création suppose inséparablement des facteurs extérieurs et intérieurs sans qu'on puisse privilégier les uns au détriment des autres.

Verlaine repère dans sa production personnelle des discontinuités analogues. En novembre 1892, il termine l'une de ses conférences à La Haye par quelques vers « de [s]a première manière » (*Pr.*, p. 885), ceux de sa période parnassienne : *Poëmes saturniens*, mais aussi extensivement *Fêtes galantes*, *La Bonne Chanson*, et enfin pour partie *Romances sans paroles*. C'est en des termes approchants qu'il envoie encore, après sa conversion au catholicisme, un sonnet à l'auteur des *Contemplations* :

> J'ai changé. Comme vous. Mais d'une autre manière.
> Tout petit que je suis j'avais aussi le droit
> D'une évolution, la bonne, la dernière. (« Amour », *Po.*, p. 438).

La catégorie de manière n'est pas reçue dans l'acception littéraire où la prend généralement Verlaine mais plutôt comme synonyme de modalité. Il reste qu'en finale avec « dernière », elle se relie à l'expression du *mineur*, « tout petit que je suis »[3], en accord avec le ton respectueux de l'adresse au maître. Cette humilité apparente n'en dissimule pas moins une affirmation de soi qui prend justement à revers la poétique hugolienne. Si la dernière manière est la « bonne », c'est non seulement par rapport à son modèle romantique mais aussi en la mesurant à *Poëmes saturniens*, *Fêtes galantes* ou *Romances sans paroles*. Enfin, si la bonne manière est la « dernière », ceci n'est vrai qu'au moment *présent* où Verlaine l'énonce effectivement. D'autres recueils verront le jour : *Parallèlement, Dédicaces, Liturgies intimes, Odes en son honneur*, etc.

1. *Les Hommes d'aujourd'hui*, *Pr.*, p. 832.
2. *À propos d'un récent livre posthume de Victor Hugo*, *Pr.*, p. 729.
3. Sur cette question, voir notre commentaire de *Fêtes galantes, Romances sans paroles*, précédé de *Poèmes saturniens*, Paris, Gallimard, « Foliothèque », 2007, p. 30-36 et *passim*.

AUGMENTER SA MANIÈRE

Ainsi, la manière est résolument instable. Si l'on veut, elle assure la permanence d'une voix en la renouvelant indéfiniment. Elle ne connaît, par conséquent, que des transitions, des commencements, des interruptions et des reprises. À ce titre, elle englobe « tous les moi / Que je fus et que je serai » (*ibid.*, p. 678), selon la formule de *Bonheur*, XV. D'œuvre en œuvre, son régime discursif est toujours inaccompli, mais c'est à ce prix que la subjectivité se réinvente. De fait, l'expression de *première manière*, qui regroupe trois des recueils couvrant les années 1866 à 1874, est en partie trompeuse. Non seulement elle met en oubli l'importance d'autres écrits, *Les Amies* (1867) et *La Bonne Chanson* (1870), mais elle occulte aussi des tentatives qui n'entrent pas dans les cadres esthétiques auxquels on la rattache habituellement : *Les Vaincus* (1867-1874), ce projet avorté d'un livre politique, des *Poèmes en prose* (1870), à la manière du *Spleen de Paris* : « Éloge des fleurs artificielles », « Les Estampes », « L'Hystérique », etc. Surtout, en soulignant ce qui fédère les trois essais, *Poëmes saturniens, Fêtes galantes, Romances sans paroles*, l'idée de *première manière* ne signifie rien quant à ce qui les différencie.

Or Verlaine a été attentif à la multiplicité qui les caractérise, ainsi qu'aux passages d'un volume à l'autre. Dans *Les Poètes maudits*, il observe de la sorte qu'« un progrès très sérieux » (*Pr.*, p. 687) est visible dans l'écriture de *Fêtes galantes*. Ce propos ne jette nul discrédit, à rebours, sur les vers saturniens, comme quelques critiques se sentiraient légitimés à le faire[1]. Le progrès ne procède pas ici d'une vision scientiste. Il ne postule pas inversement, sur un mode idéaliste, un hypothétique stade de perfection, selon l'idéologie classique du chef-d'œuvre. Le progrès ne désigne que le mouvement du devenir, une poésie « toujours en avant »[2], selon une expression que Verlaine emprunte peut-être directement au poète des *Illuminations* lui-même. L'enjeu est bien d'« augmenter sa

1. Certaines éditions portent explicitement la trace de ce genre de préjugé, au premier rang desquelles il faut compter l'exemplaire fourni par Jacques Borel dans la collection « Poésie » chez Gallimard en 1973, exactement intitulé *Fêtes galantes, Romances sans paroles* précédé de *Poèmes saturniens*. Où commence donc le « vrai » Verlaine, si l'on considère en outre comme Borel qu'après *Sagesse*, le talent de l'auteur décline ? Étrange et sinistre perception des textes...

2. *Arthur Rimbaud*, *Pr.*, p. 755.

manière », en refusant d'être figé et « stationnaire »[1]. Si l'on songe que, dans le verbe précisément employé par Verlaine, le préfixe d'origine indo-européenne (°*aug-*, °*ug-*, °*aweg-*) est également commun au nom *auteur*[2], la manière augmentée est celle qui consacre une qualité nouvelle de la parole. C'est par une perpétuation superlative de soi, toujours différente de texte en texte, toujours autre de recueil en recueil, qu'elle assure l'identité de l'écriture : l'effet de signature qu'elle convoque continûment.

POUR UNE ÉTHIQUE DE LA LECTURE

La trajectoire qui conduit Verlaine de *Poëmes saturniens* à *Romances sans paroles* est mouvante et complexe. Bien entendu, elle pourrait se résumer au moyen de deux noms propres, ceux de Baudelaire et de Rimbaud, si ce n'était déjà jouer l'hypothèse du modèle et de l'influence, évacuant par avance la singularité de cette parole. À l'écoute des *manières* de Verlaine, cet ouvrage s'efforce d'en restituer autrement la force, et s'il le faut l'hétérogénéité, loin des stéréotypes qui encombrent encore lourdement l'exégèse dans ce domaine. Est-il d'ailleurs besoin de citer, malgré quelques intuitions éparses, Jacques-Henry Bornecque, Claude Cuénot, Pierre Petitfils, Jean Gaudon, Gilles Vannier, Georges Zayed ou Éléonore Zimmermann, *vieilles énormités crevées,* pensées *plus mortes que des fossiles* ? Certes, chaque lecture est située. L'époque s'y projette fatalement. Mais lire la manière est aussi un acte éthique. L'objectif modeste de ce volume est d'offrir avant tout une synthèse claire et didactiquement efficace de l'œuvre. Cependant, sous sa forme condensée, la vision problématique qu'il en propose procède des recherches les plus récentes, et d'une approche plurielle renouvelée des études sur l'auteur.

« Une poésie " en avant " : histoire, poétique, idéologie » : la première section de ce livre s'applique à décrire la place de Verlaine et de ses textes dans le champ littéraire de la seconde moitié du XIXe siècle, reconstituant le cadre social et intellectuel dans lequel l'écrivain a évolué, et a gagné progressivement une position. Après la publication de *Fêtes galantes* et de *La Bonne Chanson*, Verlaine bénéficie d'un rang certain dans le milieu

1. « Stéphane Mallarmé », *Les Poètes maudits, Pr.*, p. 658.
2. L'auteur est celui qui fait croître et progresser, avant d'être celui qui fonde ou établit.

parnassien. À l'époque des *Romances sans paroles*, cette situation se dégrade assez largement, et le poète se trouve de plus en plus marginalisé. Sa participation, sans doute limitée mais revendiquée et sincère, à la révolution communaliste, et surtout ses mœurs homosexuelles en sont la cause immédiate. La poétique nouvelle qu'introduit alors le recueil passe pratiquement inaperçue. Elle s'affranchit pourtant de façon considérable des référents romantiques, encore insistants dans les deux premiers volumes. Dans la décennie précédente, la principale source de difficultés tient plutôt à l'interprétation que l'on donne chez Verlaine du Parnasse, de ses bases esthétiques, objet de controverses pour une période de la poésie française mal connue il y a encore quelques années, et trop souvent sous-estimée[1].

De ce qui n'est ni une école ni un mouvement *stricto sensu*, Verlaine perçoit aisément la liberté et la vitalité. Il en saisit aussi les limites et l'académisme latent, plus sensibles au cours des années 1873-1875. Deux figures du poète s'y rattachent chez Verlaine, qui ne sont nullement contradictoires, celle du *formiste* et celle du *socialiste*. Expert ès rimes et *rhythme* (un mot qu'il transcrit le plus souvent selon l'orthographe étymologique), il appréhende dans la construction « bizarre »[2] du vers chez Baudelaire, et ses « césures étonnantes » (*ibid.*, p. 607), une forme de beauté ayant certes le pouvoir de « contrarier un peu le lecteur » (p. 612) mais capable surtout de déroger, par la manière et la vision qu'il instaure, aux présupposés moraux et religieux de la société impériale. Le procès de 1857 trouve sa raison d'être dans la signifiance du texte. Verlaine relie donc immédiatement la poétique à sa politique. Dans la perspective ouverte par *Les Vaincus*, il lui donne ensuite pour son œuvre personnelle des inflexions idéologiques explicites et radicales[3].

« Recueils et manières » : la deuxième partie de l'ouvrage enchaîne trois essais de lecture. Elle retrace les axes majeurs de chaque volume : l'abattement mélancolique et les malaises de l'intériorité propres à *Poëmes saturniens*, les fictions théâtrales et délibérément stéréotypées de *Fêtes*

1. Les deux ouvrages érudits de Yann Mortelette (qui n'excluent pas quelques clichés) ont récemment comblé ce manque, *Histoire du Parnasse*, Paris, Fayard, 2005, et *Le Parnasse*, Presses de l'Université de Paris-Sorbonne, « Mémoire de la critique », 2006.

2. *Charles Baudelaire*, *Pr.*, p. 610.

3. Sur ce point particulier, *L'Exil et l'Utopie. Politiques de Verlaine*, Publications de l'Université de Saint-Étienne, 2007, spécialement p. 149-180.

galantes, leurs mises en scènes érotiques, le vertige de l'errance et le bonheur de l'exploration des *Romances sans paroles*, placées sous le signe générique de la chanson populaire. Mais elle porte aussi l'attention sur des aspects moins connus de Verlaine, ou insuffisamment étudiés. La réception est restée longtemps attachée à l'image tourmentée et élégiaque de l'artiste. Toutefois, la « pensée triste et voulue telle ou crue voulue telle »[1] ne doit pas faire oublier, par exemple, que Verlaine est concomitamment un écrivain comique. Cet aspect ne tient pas au seul mélange des régimes discursifs, ici lyrique (mais qu'est-ce à dire exactement ?), là ironique. Ces procédés sont par ailleurs aisément perceptibles dans la poésie française de Baudelaire à Laforgue. Mais le comique ne se réduit pas non plus au système linguistique de l'implicite et aux équivoques verbales dont témoignent par exemple « Lassitude » ou « Monsieur Prudhomme » : « Il est grave ; il est maire et père de famille » (*Ps.*, p. 66).

Le comique de Verlaine a une origine précise, issue de Théodore de Banville. Dans l'avertissement aux *Odes funambulesques*, Banville entendait écrire au nom d'Aristophane et de Molière[2]. Il exigeait « une nouvelle langue comique versifiée, appropriée à nos mœurs et à notre poésie actuelle et qui procéderait du véritable génie de la versification française en cherchant dans la rime elle-même ses principaux moyens comiques »[3]. Ainsi l'usage du rire par la forme se place-t-il à la jonction de la société et du langage. De fait, si la rime représente de façon générale un lieu signifiant privilégié du texte dès les *Poëmes saturniens*, Verlaine semble avoir entendu la leçon de Banville. Sa corde n'est peut-être pas toujours bouffonne, mais elle est bien une manière d'équilibrer chez lui le pathétique, voire le tragique. En outre, elle se montre inséparable des « essais de raillerie » (*id.*), tout ce qui regarde la parodie, cet « hommage rendu à la popularité et au génie »[4] qu'on aurait tort de prendre chez Verlaine pour une *posture*, localisée de surcroît dans ses essais de jeunesse. Le comique fait partie intégrante de la poétique de la manière, conçu sous l'angle des contrefaçons. La section de *Jadis et Naguère*, « À la manière de

1. *Critique des* Poëmes saturniens, *Pr.*, p. 720.
2. À ce sujet, voir Bertrand Degott, « La tradition " aristophanesque " chez Banville, Tailhade et Rostand », *in* P. Nobel (dir.), *Textes et cultures : réception, modèles, interférences*, Presses de l'Université de Franche-Comté, t. II, 2004, p. 135-153.
3. *Odes funambulesques*, deuxième édition, Paris, Michel Lévy frères, 1859, p. 2.
4. *Odes funambulesques*, préface à la première édition.

plusieurs », les collaborations de l'auteur à l'*Album zutique*, les travestissements appelés « Vieux Coppées », en désignent au contraire l'importance et la persistance dans l'œuvre.

« Une " langue renouvelée " – à l'épreuve du poème » : la troisième partie du livre emprunte son titre à une expression du narrateur, tirée de *Confessions* (*Pr.*, p. 518), évoquant l'apport des créations parnassiennes dans l'histoire de la littérature. Par ce terme de « langue », elle met l'accent sur l'idiosyncrasie poétique des œuvres, apte à relier la spécificité littéraire aux particularités linguistiques du français chez Verlaine. Il s'agit donc d'une approche analytique et méthodologique, qui offre une série d'illustrations concrètes des exercices requis dans le cadre de la préparation aux Agrégations de Lettres : la dissertation, l'explication de texte, la leçon, l'explication grammaticale. Dans la perspective – académique – des concours de recrutement des enseignants du second degré, ces exercices sont aussi l'occasion de mettre la lecture à l'épreuve des textes. Ne serait-ce que par le choix des objets. S'il est vrai, par exemple, qu'à l'exception de « *Beams* » ou « *Streets* », la section « Aquarelles » souffre fréquemment d'un défaut d'écoute par rapport à « Ariettes oubliées » et « Paysages belges » voire « *Birds in the Night* », que dire alors des pièces qui suivent « Caprices » dans le recueil saturnien, « *Initium* », « *Sub urbe* », « Un dahlia », « *Nevermore*, II », moins connu et moins compris que celui qui apparaît dans « *Melancholia* »[1] ? Ces textes sont peut-être *datés*, ils ne le sont pas plus pourtant que la plupart des poèmes de « Paysages tristes », également soumis à une rhétorique d'époque. L'étude littéraire tente d'en réhabiliter la manière. À l'inverse, l'explication de texte explore, sous un angle différent, les poncifs attachés à « Clair de lune », tandis que l'analyse grammaticale de « Bruxelles. Chevaux de bois » s'efforce de saisir les différents « déconcertements »[2] conduits autour du lexique et de la syntaxe. La dissertation dresse, quant à elle, un bilan des problématiques à partir d'une phrase de Gœthe que Verlaine avait soigneusement consignée en marge d'un des exemplaires de son premier volume : « Poésie, c'est délivrance ».

1. Verlaine tenait décidément à ce titre, d'ascendance poesque, puisqu'il baptise de cet adverbe anglais l'un de ses poèmes en prose, paru en 1868 dans la *Revue des Lettres et des Arts*, et repris ensuite dans *Mémoires d'un veuf* (1885) sous une nouvelle enseigne « À la campagne » (*Pr.*, p. 83-84).

2. Lettre de Verlaine à Edmond Lepelletier, 23 mai 1873, *Cg.*, p. 321.

Au-delà des circonstances liées à un programme ministériel, les contributeurs de cet ouvrage espèrent ainsi que les lecteurs s'aventureront bien après les premiers essais littéraires, découvrant ou redécouvrant alors d'autres *manières*. Car l'urgence est bien de redonner sa diversité et sa complexité à celui qu'il faudrait enfin cesser d'appeler « Pauvre Lélian », longtemps considéré comme cette figure triste et déchue de la modernité en face de Baudelaire, Mallarmé ou Lautréamont.

PREMIÈRE PARTIE

Une poésie « en avant »

Histoire, poétique, idéologie

1

Dialogues avec le Romantisme et le Parnasse

SOLENN DUPAS

Les recueils de Verlaine sont tissés de références romantiques et parnassiennes. Cette innutrition intertextuelle a parfois été considérée comme le symptôme d'une maladroite propension au pastiche scolaire, ou le fruit de pures stratégies d'opportunisme littéraire. Mais elle témoigne plutôt de la démarche réfléchie d'un poète qui ne peut concevoir la création sans assumer la mémoire des textes antérieurs et contemporains. Cette approche relative de l'écriture amène l'auteur des *Poëmes saturniens* à redéfinir sa conception de l'originalité.

ORIGINALITÉ ET SÉCONDARITÉ

S'appuyant sur le concept de Classicisme pour circonscrire à rebours leur approche de la littérature, les Romantiques ont mis en avant la singularité des créateurs. Contre les conceptions éternelles et immuables de la nature humaine, ils ont développé cette idée déjà formulée par Rousseau : « Je sens mon cœur et je connais les hommes. Je ne suis fait comme aucun de ceux que j'ai vus ; j'ose croire n'être fait comme aucun de ceux qui existent. Si je ne vaux pas mieux, au moins je suis autre. »[1] Certes le poète romantique s'attribue un coefficient d'universalité qui fait de lui un archétype de l'humanité. En s'exprimant personnellement dans son œuvre, il prétend réfléchir la vie et le destin de la collectivité. Hugo prévient son lecteur dans la « Préface » des *Contemplations* : « Quand je vous parle de moi, je vous parle de vous. Comment ne le sentez-vous pas ? Ah ! insensé, qui crois que je ne suis pas toi ! »[2] Mais cette démarche n'en repose pas moins

1. Jean-Jacques Rousseau, *Les Confessions,* Paris, Garnier-Flammarion, 1968, p. 43.
2. Hugo, « Préface » des *Contemplations, Œuvres poétiques,* Paris, Gallimard, « Bibliothèque de la Pléiade », t. II, 1967, p. 482.

sur une quête d'originalité qui suppose de revendiquer « la liberté de l'art contre le despotisme des systèmes, des codes et des règles »[1]. L'affirmation de la singularité artistique implique alors de récuser toute forme de création imitative. Hugo demande ainsi au poète de « se gard[er] de copier qui que ce soit, pas plus Shakespeare que Molière, pas plus Schiller que Corneille. Si le vrai talent pouvait abdiquer à ce point sa propre nature, et laisser ainsi de côté son originalité personnelle, pour se transformer en autrui, il perdrait tout à jouer ce rôle de sosie. C'est le dieu qui se fait valet »[2].

Pourtant au début des années 1860, les poètes ont trop conscience de l'importance des œuvres passées et présentes pour prétendre faire table rase de cet héritage. « Trouver du *nouveau* »[3] est loin d'aller de soi pour ces auteurs sensibles au poids du « déjà-dit » poétique. Ils ne se limitent d'ailleurs pas à formuler cette inquiétude sur un mode désespéré et aporétique. Leur lucidité nourrit des dynamiques créatrices qui permettent d'articuler à nouveau imitation et création. Bon nombre de contemporains de Verlaine défendent une conception féconde de la secondarité, rejoignant le *topos* de l'innutrition, de l'incorporation textuelles. L'originalité ne s'affirme pas tant alors comme une donnée immédiatement offerte que comme un processus de reprise, de reconquête littéraire. Louis-Xavier de Ricard affirme par exemple dans un article publié en 1867 : « Il n'est pas vrai que le talent ni le génie même créent rien de rien [...]. Ce qui donne à un poète l'originalité, c'est l'idée, l'idée dans laquelle il fond et synthétise les éléments extérieurs jusqu'à leur transformation radicale »[4]. Plus précisément, Verlaine distingue d'une part l'imitation académique et systématique, qu'il nomme « l'artisterie » (*Po.,* p. 902), d'autre part la réécriture inventive, qui se confronte à des textes hétérogènes pour mieux s'en démarquer. À travers ces médiations, le poète réévalue et remodèle les références dans un souci de recherche et d'innovation. Les transferts contextuels, énonciatifs et stylistiques lui permettent de fonder une parole singulière. Il conçoit donc l'assimilation intertextuelle comme une pratique critique débouchant sur une originalité réflexive.

1. Hugo, « Préface » de *Cromwell, Critique,* Paris, Robert Laffont, « Bouquins », 1985, p. 31.
2. *Ibid.,* p. 24.
3. Baudelaire, « Le Voyage », *Les Fleurs du Mal, Œuvres complètes*, Paris, Gallimard, « Bibliothèque de la Pléiade », t. I, 1975, p. 134.
4. Louis-Xavier de Ricard, « Les Critiques du *Parnasse contemporain* » [1867], *in* Yann Mortelette, *Le Parnasse*, Paris, Presses de l'Université Paris-Sorbonne, « Mémoire de la critique », 2006, p. 88-89.

Ces perspectives engagent une conception linéaire de l'histoire littéraire. Verlaine ne présente pas les différents mouvements esthétiques de son temps sous le signe de la rupture. Il les conçoit au contraire comme un renouvellement perpétuel. Ainsi, il considère que les contemporains d'Hugo, comme Gautier et Musset, ou ses successeurs, Banville, Leconte de Lisle et Baudelaire, se sont réappropriés sa « note » pour la transmettre à leur tour à leurs « dignes et révérents continuateurs » (*Pr.*, p. 938). Cette approche invite à interroger les relations qu'il a entretenues avec les différents mouvements qui structurent le champ poétique de la seconde moitié du XIXe siècle.

LE LEGS DU ROMANTISME

Au début de la carrière poétique de Verlaine, le Romantisme fait figure de soleil couchant. Après avoir irradié la scène littéraire des années 1830, il paraît sur le déclin. Ses figures emblématiques tendent en effet à s'absenter progressivement. Lamartine se tait après les *Recueillements* en 1839, et les *Poésies complètes* de Musset paraissent en 1840. L'auteur des *Poëmes saturniens* célèbre néanmoins avec force admiration le souvenir de la « magnifique explosion romantique » (*Pr.*, p. 889). S'enthousiasmant du succès de la reprise d'*Hernani* lors de l'Exposition universelle de 1867, il vante notamment « ce je ne sais quoi de spécialement ému et sublime qui n'appartient qu'à Hugo ». Il s'empresse d'ajouter : « Nous, les jeunes, [...] nous ne dégénérons pas trop de nos pères de 1830 et [...] véritablement *nous sommes les petits de ces grands lions-là !* » (*ibid.*, p. 624). Cependant, cet hommage n'est pas dénué de réticences. Dans l'article qu'il consacre à Jules Barbey d'Aurevilly en 1865, il émet déjà de fortes réserves face aux « déplorables passages *attendrissants* » (*id.*) de « Ratbert » (*La Légende des siècles*). Plus tard, il raillera les « pièces affreusement longues et terriblement tautologiques » des *Contemplations* (p. 730). Sans doute a-t-il été particulièrement sensible à cette formule des *Odes et ballades* : « La poésie, c'est ce qu'il y a d'intime dans tout »[1]. Mais il met en cause les formes d'expression élégiaques où le poète est censé livrer directement ses vagues à l'âme et les intenses déchirements de son cœur, prétendant ainsi entrer

1. *Œuvres poétiques*, Paris, Gallimard, « Bibliothèque de la Pléiade », t. I, 1964, p. 264.

en résonance avec l'ordre humain et cosmique. En raillant les « jérémiades lamartiniennes » (*Pr.*, p. 599) et tous les échos de la « lyre poitrinaire »[1], il rejoint les réticences que de nombreux contemporains formulent contre les adeptes de la confidence sincériste. Leconte de Lisle taxe notamment de « montreurs » les poètes qui s'abaissent à l'impudeur complaisante pour satisfaire aux exigences du public. La « Préface » de ses *Poèmes antiques* est sans appel : « Le thème personnel et ses variations trop répétées ont épuisé l'attention ; l'indifférence s'en est suivie à juste titre. »[2]

Verlaine vise tout particulièrement les épigones des Mages qui exacerbent cette propension à la confession doloriste au détriment de l'originalité. Notons que dès 1836, Musset avait déjà jeté un regard distancié sur cette pléthore de plagiaires dans les *Lettres de Dupuis et Cotonet*. Il y donnait la parole à des « poétereaux » bourgeois qui prétendaient définir le Romantisme à travers une kyrielle d'images stéréotypées : « Le romantisme, c'est l'étoile qui pleure, c'est le vent qui vagit, c'est la nuit qui frissonne, la fleur qui vole et l'oiseau qui embaume ; c'est le jet inespéré, l'extase alanguie [...] »[3]. L'auteur des *Poëmes saturniens* reprend ce grief à son compte lorsqu'il dénonce avec virulence une « période de jeunes poètes lâchés, lamartiniens sans génie, hugolâtres sans talents, mussetistes qui n'avaient du maître que l'envers de sa paresse divine » (*Pr.*, p. 785). L'« Épilogue » de son premier recueil moque ces chanteurs qui vont « par groupes/Harmonieux au bord des *lacs* et [se] pâmant » (*Ps.*, p. 93). Si l'adjectif « Harmonieux », mis en valeur au début de ce vers, n'est pas sans faire écho aux *Harmonies poétiques et religieuses*, si le démarquage typographique du terme « *lacs* » confirme la référence lamartinienne, l'usage systématique du pluriel montre que l'ironie ne vise pas seulement l'auteur des *Méditations poétiques*. Sont surtout mis en cause ses nombreux imitateurs complaisamment versés dans le larmoiement lyrique et les phraséologies sentimentales. Le poème suggère que leurs scies tissées de poncifs sentimentaux sont condamnées à lasser le public. Elles étouffent l'originalité sous l'imitation, le manque d'inventivité.

Lorsque Verlaine affiche sa dette à l'égard du Romantisme, c'est au contraire pour tâcher d'ouvrir la voie à un renouvellement fécond. Ce n'est

1. Lettre à Edmond Lepelletier, 17 février 1889, *Co.*, t. I, p. 229.
2. Leconte de Lisle, « Préface » des *Poèmes antiques*, Paris, Gallimard, « Poésie », 1994, p. 313.
3. *Œuvres complètes en prose,* Paris, Gallimard, « Bibliothèque de la Pléiade », 1960, p. 830.

pas un hasard s'il valorise la deuxième période de la création hugolienne, des *Feuilles d'automne* aux *Rayons et les Ombres*, pour mettre en valeur un tour artistique « *modéré* » et « discret », tout en « sourdine » (*Pr.*, p. 726). Ces éléments constituent en effet les grandes lignes de sa démarche de réappropriation. On sait comment « Après trois ans » convoque l'héritage du Maître pour mieux proposer une nouvelle expressivité mélancolique démarquée de toute forme d'évocation sublime[1]. « Colloque sentimental » poursuit cette logique en faisant à nouveau écho à « Tristesse d'Olympio ». Dans ce poème, le sujet hugolien revient sur des lieux autrefois fréquentés pour y retrouver les traces d'un amour perdu. De même, l'un des deux locuteurs des *Fêtes galantes* espère se ressaisir des « beaux jours de bonheur indicible » (*Fg.*, p. 122). Mais le dialogue verlainien inverse les termes de la réflexion d'Olympio, qui imagine ses retrouvailles *post-mortem* avec l'amante, avant d'affirmer la pérennité de ses souvenirs amoureux. Dans « Colloque sentimental », les silhouettes fantomatiques déjà réunies dans le présent de l'énonciation expriment une perte irréversible. Loin de figer dans l'éternité les « âmes confondues » et les « baisers »[2], leur dialogue nie les amours idéales de manière systématique. Pour exprimer ce désenchantement, Verlaine oppose une esthétique de la concentration et de la suggestion aux emphases de la voix hugolienne. Lorsqu'il évoque l'angoisse de la perte, Olympio déploie une longue description de la nature désolée, introduite par un commentaire explicatif: « Nature au front serein, comme vous oubliez !/ Et comme vous brisez dans vos métamorphoses/ Les fils mystérieux où nos cœurs sont liés ! »[3] Dans le poème verlainien, la mention du « vieux parc solitaire et glacé » (*Fg.*, p. 122) suffit à ancrer l'évocation dans le tragique. Ces épithètes qui relèvent de l'hypallage permettent en effet de caractériser l'absolue solitude des anciens amants. De plus, le dialogue des spectres se déploie en sourdine avant de se conclure dans un échange inaudible, invitant le lecteur à combler les lacunes du poème : « Et la nuit seule entendit leurs paroles. » (*id.*) À mille lieues de l'expansion hugolienne, l'expression élégiaque quitte ainsi les sphères du sublime pour inventer son propre mode suggestif.

1. Voir Steve Murphy, *Marges du premier Verlaine*, Paris, Honoré Champion, 2003, p. 115-134 et Arnaud Bernadet, *Fêtes galantes, Romances sans paroles* précédé de *Poèmes saturniens*, Paris, Gallimard, « Foliothèque », 2007, p. 68-72.

2. Hugo, « Tristesse d'Olympio », *Les Rayons et les ombres, Œuvres poétiques*, t. I, *op. cit.*, p. 1094.

3. *Idem.*

VERLAINE ET LE PARNASSE CONTEMPORAIN

Outre cette dette romantique, Verlaine assume également un héritage parnassien. Il fait partie de ces jeunes poètes que Catulle Mendès et Louis-Xavier de Ricard réunissent au milieu des années 1860 pour composer une anthologie poétique avec la collaboration de l'éditeur Alphonse Lemerre et le soutien de Théophile Gautier, Théodore de Banville, Leconte de Lisle et Charles Baudelaire. Le titre de cette publication, *Le Parnasse contemporain,* résume l'ambition de ces contributeurs. La référence classique à la résidence des Muses, souvent utilisée pour désigner des recueils de vers et des dictionnaires poétiques, est associée à une épithète qui souligne une volonté de renouvellement lyrique. Se tenant à distance de la société bourgeoise et du régime impérial, ces poètes s'accordent sur une conception exigeante de la création. Ils entendent ainsi faire évoluer la poésie pour lui rendre sa dignité menacée à un moment où la révolution romantique paraît manquer de souffle. Verlaine participe aux deux premiers volumes en 1866 et en 1869[1]. S'il ne contribue pas à la dernière publication en 1876, c'est parce qu'un comité de lecture composé de Théodore de Banville, François Coppée et Anatole France décide de son exclusion en même temps qu'elle écarte Charles Cros et Stéphane Mallarmé. Cette mise à l'écart est largement motivée par sa réputation : sa sympathie pour le mouvement communard, ses mœurs anti-conformistes le rendent indésirable au sein d'un « courant » qui a désormais acquis un statut d'institution littéraire.

Cependant, il faut se défier des raccourcis de l'histoire littéraire, qui présente parfois ce mouvement comme une école structurée autour de principes dogmatiques. Il est vrai que de nombreuses parodies ont sans doute contribué à confondre ces jeunes poètes dans l'image d'un groupe de combat anti-romantique. Mais les *Trente-sept Médaillonnets du Parnasse contemporain* de Barbey d'Aurevilly (1866) ou le *Parnassiculet* de Paul Arène et Alphonse Daudet (1867) se distinguent moins par leur bonne foi que par leur virulence polémique. En tout état de cause, Verlaine s'oppose fermement aux « phraséologie[s] militaire[s] » (*Pr.*, p. 897) et aux dogmes

1. En 1866, trente-sept poètes contribuent à la première livraison du *Parnasse contemporain,* dont François Coppée, Léon Dierx, José-Maria de Heredia, Stéphane Mallarmé, Louis Ménard, Sully Prudhomme et Auguste Villiers de L'Isle-Adam. Albert Glatigny et Charles Cros, notamment, les rejoignent en 1869.

esthétiques des poètes parnassiens les plus doctrinaires[1]. Il raille notamment le « système de Lisle »[2] dans plusieurs pièces des *Poëmes saturniens.* En témoigne par exemple le « Prologue » de ce premier recueil, qui multiplie les allusions au plus prescripteur des « Tétrarques »[3] du Parnasse (*Ps.*, p. 35). On peut difficilement considérer cette longue pièce retraçant le destin du Poète à travers l'épopée hindoue, l'âge antique, l'ère médiévale et l'époque moderne comme le fruit d'une spontanéité mimétique ou le résultat d'un geste de circonstance purement révérencieux. Elle accumule en effet des procédés récurrents dans l'œuvre de Leconte de Lisle sur un mode discrètement distancié. L'hellénisation de l'onomastique renvoie ainsi à la mode des mythologismes qui s'est développée dès les années 1850 sous l'égide de Banville, de Victor de Laprade ou de l'auteur des *Poèmes barbares*. Mais son caractère systématique produit un effet de schématisation parodique. Et ce d'autant plus que le poème convoque une kyrielle de termes archaïques, exotiques et techniques que Leconte de Lisle affectionne tout particulièrement :

> Une connexité grandiosement alme
> Liait le Kchatrya serein au Chanteur calme,
> Valmiki l'excellent à l'excellent Rama :
> Telles sur un étang deux touffes de padma. (*Ps.*, p. 35)

Verlaine met en valeur ces particularités lexicales au sein de parallélismes, de chiasmes et de groupes ternaires qui alourdissent la syntaxe et réduisent la parole poétique à une démonstration de virtuosité, une mise à nu de procédés s'avouant de seconde main. En creux, il raille la grandiloquence des poètes installés et leur langage nourri de « grimace[s] de style », de « *tics* » (*Pr.*, p. 620) qui témoignent de ce que l'habitude a pris le pas sur la créativité véritable. L'« Épilogue » rejoint en fait une critique qui a souvent été adressée aux Maîtres du Parnasse à cette époque. On reproche en effet à leur « Grande Lyre » d'avoir « pour cordes des *ficelles* qui n'échappent à personne »[4]. L'effet parodique est d'ailleurs d'autant plus net que ce seuil est en décalage avec le reste du recueil. Il

1. Voir Steve Murphy, *Marges du premier Verlaine*, *op. cit.*, p. 85-114.
2. Lettre à Armand Gouzien, octobre 1867 – mars ? 1868, *Cg.*, p. 120.
3. L'expression désigne Gautier, Leconte de Lisle, Banville et Baudelaire. Elle est notamment employée par Adolphe Racot (*Les Parnassiens*, Paris, Minard, 1967, p. 57).
4. Alcide Dussolier, « Les Impassibles » [1866], *in* Yann Mortelette, *Le Parnasse*, *op. cit.*, p. 47-52.

n'assure pas tant une fonction programmatique qu'une fonction démarcative[1].

Si Verlaine récuse cette conception académique du Parnasse, c'est pour l'associer au contraire à la notion de liberté créatrice :

> Et remarquez bien qu[e les Parnassiens] n'avaient pas de chef. Leur conjonction fut spontanée, personne qui les eût poussés au combat, qu'eux-mêmes – et ce fut assez ! Certes, ils admiraient tels ou tels, les vieux et les jeunes, Baudelaire, Leconte de Lisle, Banville, ces derniers, lutteurs superbes d'isolement et d'originalité, partant sans disciples possibles – mais observez comme chacun d'eux ne ressemble – à part certaines formules communes inévitables – à personne de ses glorieux aînés [...]. (*Pr.*, p. 113)

Dans ses *Petits Mémoires d'un Parnassien,* Louis-Xavier de Ricard parle également d'une « formule » parnassienne « si large que l'évolution personnelle d'aucun [de ses membres] n'en fut entravée ni même gênée »[2]. Catulle Mendès renchérit dans *La Légende du Parnasse contemporain*, évoquant un ensemble de « personnalités absolument libres »[3]. Il considère ce mouvement comme une nébuleuse complexe, un creuset propice aux expérimentations poétiques les plus diverses. C'est cette liberté qui doit permettre à la jeune génération d'affirmer « un renouveau du romantisme », « un romantisme en avant » (*Pr.*, p. 898). Elle explique que Verlaine ait pu revendiquer fièrement et durablement son appartenance à cette mouvance protéiforme : « Ne fus-je pas moi-même un parnassien, [...] persévérant dans l'emploi large et, j'ose le croire, judicieux, d'une liberté qui ne perd rien à se raidir [...] » (*Pr.*, p. 916).

L'INFLUENCE BAUDELAIRIENNE

L'histoire littéraire a tendance à exclure l'auteur des *Fleurs du Mal* du Parnasse. Pourtant, de nombreux contemporains considèrent Baudelaire comme l'un des Tétrarques. Il participe en effet à la première anthologie de 1866, même s'il meurt peu de temps après sa publication. Verlaine le cite ainsi aux côtés de Leconte de Lisle et de Banville dans l'essai qu'il consacre au mouvement (*Pr.,* p. 113). Ses *Confessions* soulignent le rôle

1. Pour une lecture un peu différente, voir *infra* l'étude des *Poëmes saturniens* par Henri Scepi.
2. Louis-Xavier de Ricard, *Petits Mémoires d'un Parnassien*, Paris, Minard, 1967, p. 143.
3. Catulle Mendès, *La Légende du Parnasse contemporain*, Bruxelles, Brancart, 1884, p. 19.

particulièrement déterminant qu'il joue dans sa formation poétique : « Il eut à ce moment, sur moi, une influence tout au moins d'imitation enfantine et tout ce que vous voudrez dans cette gamme, mais une influence réelle et qui ne pouvait que grandir et, alors, s'élucider, se logifier avec le temps... » (*ibid.*, p. 481). En 1867, il lui consacre un hommage funèbre des plus élogieux : « La merveilleuse pureté de son style, son vers brillant, solide et souple, sa puissante et subtile imagination, et par-dessus tout peut-être la sensibilité toujours exquise, profonde souvent, et parfois cruelle dont témoignent ses œuvres, assurent à Charles Baudelaire une place parmi les plus pures gloires littéraires de ce temps. » (p. 626)

Verlaine a manifestement cherché à influencer l'évolution du Parnasse en mettant en avant ce legs baudelairien. En témoigne notamment l'essai qu'il lui consacre en 1865 dans *L'Art,* une revue qui joue un rôle important dans la construction du mouvement. Il est pour le moins significatif de le voir se référer au plus hétérodoxe des Parnassiens au tout début de sa carrière poétique. À cette époque, peu de travaux ont été consacrés à Baudelaire, à part les comptes rendus de Leconte de Lisle, de Swinburne et de Gautier. Or aucun de ces articles ne met véritablement en valeur les enjeux polémiques de sa création. Au contraire, Verlaine défend jusqu'aux aspects les plus controversés de son œuvre au sein d'une stratégie argumentative agressive, comme pour reprendre le poète à ceux qui l'ont défendu devant les tribunaux en 1857, au prix d'un affadissement de son art[1]. Il souligne que Baudelaire a su s'approprier des lieux communs poétiques afin de mieux les renouveler, au risque de déconcerter les lecteurs de poésie lyrique par sa violence et ses provocations. Contrariant le public grâce à une imagination des plus riches et un art poétique particulièrement maîtrisé, l'auteur des *Fleurs du Mal* fait preuve d'une indépendance irréductible qui ne cesse de le fasciner.

Les *Poëmes saturniens* sont particulièrement représentatifs de cette influence. Ne serait-ce que par ce titre qui reprend une épithète utilisée par Baudelaire pour qualifier son recueil dans l'« Épigraphe pour un livre condamné »[2]. Les contemporains vont d'ailleurs reprocher à Verlaine

1. Voir Steve Murphy, *Marges du premier Verlaine, op. cit.*, p. 69-83.

2. Voir « Épigraphe pour un livre condamné », *Les Fleurs du Mal, Œuvres complètes*, t. I, éd. cit., p. 137.

d'avoir littéralement plagié son aîné. Dès 1867, Barbey d'Aurevilly le taxe de « Baudelaire puritain »[1]. Zola ajoute en 1880 : « M. Verlaine [...] avait débuté avec éclat par les *Poëmes saturniens.* Celui-là a été une victime de Baudelaire »[2]. Brunetière le qualifie même de « fils de Baudelaire »[3]. La critique n'a eu de cesse de reprendre ce grief, considérant que le « baudelairisme » du premier Verlaine aurait quelque chose d'élémentaire et d'immédiat, qu'il relèverait d'une sorte d'automatisme, d'un phénomène d'imitation. Pourtant, ces références ne se départissent pas d'un geste de réappropriation, comme le montre par exemple « Crépuscule du soir mystique ». Ces vers dont le seuil fait écho à un poème des *Fleurs du Mal* semblent redéployer le titre même de ce recueil, lorsque le sujet poétique évoque la « maladive exhalaison » de « mainte floraison » (*Ps.*, p. 54). Comparant l'horizon à une cloison au vers 4, ils empruntent encore au « Balcon » une image prosaïque dont Jules Laforgue célèbrera notamment l'audace en son temps[4]. Cependant, Verlaine ne semble jouer de ces références que pour mieux se distinguer de son modèle. Il choisit en effet d'accentuer la trame répétitive que Baudelaire cultive dans certains de ses poèmes. Construite sur deux rimes seulement, cette litanie qui signifie l'enlisement du sujet dans des émotions confuses consiste en une fleur nouvelle et singulière. Cette logique d'assimilation transparaît à nouveau dans le poème « Spleen » des *Romances sans paroles* (*Rsp.*, p. 149). Ce titre semble en emploi autonymique, tant la référence à la série des *Fleurs du Mal* est alors incontournable[5]. Mais Verlaine réinvente le paysage mélancolique, loin des teintes sombres et tristes auxquelles le lecteur s'attend. Pour dire son mal-être, le sujet poétique évoque en effet un décor qui juxtapose des couleurs paradoxalement vives : « Le ciel était trop bleu, trop tendre,/La mer trop verte et l'air trop doux. » (*ibid.*, p. 148) Contrairement aux poèmes de Baudelaire où le locuteur tend à se réifier à force de s'identifier à des objets hétéroclites, « Spleen » ne contient aucun « répondant

1. Barbey d'Aurevilly, *Les Trente-sept Médaillonnets du* Parnasse contemporain, *in* Olivier Bivort, *Verlaine*, Paris, Presses de l'Université de Paris-Sorbonne, « Mémoire de la critique », 1997, p. 15.

2. Zola, *Documents littéraires*, Paris, Fasquelle, 1926, p. 178.

3. Brunetière, « Un fils de Baudelaire » [1888], cité par André Guyaux, « Un fils de Baudelaire », *in* Martine Bercot (dir.), *Verlaine, 1896-1996*, Paris, Klincksieck, 1998, p. 194.

4. Voir Philippe Hamon, *Imageries,* Paris, José Corti, 2001, p. 299-300.

5. Voir *Mu.*, p. 319-320.

allégorique »[1] fantastique, gothique ni exotique. Le « je » prend la parole sur le mode de la simplicité, de l'épure. Ainsi le poète s'écarte-t-il du « déjà-lu » baudelairien pour ébaucher sa « vraiment manière à lui » (*Pr.*, p. 622).

Si Verlaine dialogue avec un vaste répertoire romantique et parnassien, c'est donc pour élaborer une écriture singulière, consciente et maîtrisée. Il considère que le « mérite essentiel » de son premier volume consiste finalement « dans le respect des Maîtres et de la Tradition qu'il proclame à sa petite manière » (*Cg.*, p. 99). Comme le souligne Arnaud Bernadet, cette « petite manière » qui émerge des récritures parodiques et des réappropriations ne relève en rien d'une rhétorique de l'humilité[2]. En reprenant l'œuvre des « Maîtres » sur le mode de la suggestion, de la sourdine, Verlaine met en cause l'attachement de la tradition à la notion de grandeur. À distance de la souveraineté des Mages, de la puissance de leur Verbe sacré, de la force du mythe, il se réclame d'une posture mineure pour constituer un *ethos* singulier à même d'accompagner l'évolution de la poésie lyrique.

1. Jean Starobinski, « Sur quelques répondants allégoriques du poète », *Revue d'histoire littéraire de la France*, 1967, n° 67, p. 402-412.

2. Arnaud Bernadet, *Fêtes galantes, Romances sans paroles…*, *op. cit.*, p. 31.

2

La pensée du poème

Solenn Dupas

Des *Poëmes saturniens* aux *Romances sans paroles,* l'œuvre explore des formes, des tonalités, des dispositifs énonciatifs multiples. Cette hétérogénéité est plus manifeste encore lorsqu'on prend en compte la diversité des projets que Verlaine a menés de front en même temps qu'il a fait paraître ces trois recueils. La plaquette saphique *Les Amies* (1867) publiée clandestinement en Belgique, l'épithalame de *La Bonne Chanson* (1870) composé pour Mathilde Mauté, le projet socialiste des *Vaincus,* mûri depuis 1867, les contributions aux parodies de l'*Album des Vilains Bonhommes* (1869) et de l'*Album zutique* (1871) constituent autant de facettes de cette aventure littéraire. Mais diversité ne rime pas avec incohérence. Il convient de rester prudent devant les approches impressionnistes qui assimilent Verlaine à un artiste passif et purement sensitif. S'il se défie des exposés dogmatiques et des formulations normatives, c'est moins pour refuser systématiquement le geste théorique que pour le problématiser et mieux penser le poème.

DE LA DOCTRINE AU POÈME

Dans un premier temps, on peut difficilement nier ses réticences à l'égard de l'exercice théorique. Sa correspondance témoigne notamment de son goût pour la provocation doctrinale. En août 1887, il se plaît par exemple à déclarer dans une lettre à Gustave Kahn : « Ce qui est beau et bon est beau et bon parce que et quoique. Voilà je pense une formule à n'embêter personne et ce serait la mienne si j'en avais. »[1] Pourtant, le fameux « Art poétique », qui paraît le 10 novembre 1882 dans la revue *Paris-Moderne*, avant d'être publié en 1884 dans *Jadis et Naguère,* a pu être considéré comme un métapoème des plus ambitieux[2]. Il est vrai que ce

1. Lettre à Gustave Kahn, août 1887, *Co.*, t. III, p. 188.
2. *Op.*, p. 261-262.

titre s'inscrit ostensiblement dans la continuité des arts poétiques d'Horace ou de Boileau. Il en reprend des éléments conventionnels comme le tutoiement et la modalité jussive. À sa parution, il a d'ailleurs suscité de nombreux débats et contribué à la célébrité de son auteur. D'aucuns ont prétendu y trouver les bases d'un renouveau poétique s'appuyant notamment sur la recherche de la nuance, sur une mise en cause des rigueurs de la rime et sur une critique du rire en poésie. Cependant, ces vers reposent sur un système démonstratif ambigu[1]. Sans nier que certains principes énoncés se trouvent ponctuellement illustrés dans l'œuvre verlainienne, il faut noter que l'argumentation d'ensemble de l'« Art poétique » s'avère paradoxale. Il paraît d'abord assez problématique de prétendre composer un art poétique afin de louer le flou et l'imprécision. D'autre part, comme l'ont bien vu ses contemporains, l'exemplarité de cette pièce est des plus défaillantes. Elle énonce en effet les torts de la rime dans des vers parfaitement rimés. On n'est pas loin de se demander si cet « Art poétique » qui prétend condamner l'humour ne vise pas finalement à faire sourire le lecteur.

Dans la *Critique des* Poëmes saturniens, Verlaine confirme cette attitude de défi à l'égard de toutes les formes de prescription créatrice : « Car n'allez pas prendre au pied de la lettre mon " Art poétique " de *Jadis et naguère*, qui n'est qu'une chanson, après tout ». Sa conclusion semble sans appel : « – JE N'AURAI PAS FAIT DE THÉORIE » (*Pr.*, p. 722). Mais il ne faut pas se méprendre sur les enjeux de cette déclaration. On ne saurait par exemple en déduire que Verlaine se contente de suivre passivement une sensibilité en demi-teinte pour élaborer son œuvre. S'il est réticent à l'idée de se présenter en théoricien, il n'écarte pas la théorie en elle-même. Les essais qu'il consacre à Baudelaire ou à Barbey d'Aurevilly témoignent bien d'une approche réfléchie de la création. Le caractère polémique de ses déclarations s'explique avant tout par une volonté de se soustraire aux contraintes d'une époque « écolâtre » (*ibid.*, p. 822). Il entend se démarquer des littérateurs qui se donnent pour mission de *dire* l'essence de la poésie au lieu de *faire* de la poésie. Proclamant des principes prétendument universels, ces derniers menacent de normaliser les initiatives créatrices, sacrifiant l'exigence

1. Voir Michel Grimaud, « " Art poétique " de Verlaine, ou la rhétorique du double-jeu », *Romances Notes*, 1979-1980, n° 20, p. 195-291.

esthétique sur l'autel de leurs ambitions démonstratives. Au contraire, Verlaine indique que l'œuvre prime toujours sur les analyses qu'on peut en faire : « Les poètes savent d'intuition que la critique, même faite par eux, doit toujours, crainte d'accident, rester à sa place, qui est en bas » (p. 619). Il suggère finalement que la réflexivité poétique est avant tout intrinsèque à l'œuvre, en tant que cette dernière invente ses propres modalités de réception[1]. C'est donc sa création en elle-même qui reflète les positions défendues par Verlaine au sein des débats littéraires qui animent le monde des Lettres dans la seconde moitié du siècle. Or, comme Édouard Rod le remarque déjà en 1888 : « Son œuvre soulève les problèmes les plus délicats que puisse discuter la critique contemporaine »[2].

LA VOLONTÉ CRÉATRICE

Verlaine s'inscrit notamment en faux contre « l'inspirantisme » (*Pr.*, p. 620) qui accompagne la mythologie romantique du génie poétique. Pour s'affranchir des contraintes de la *mimesis,* le poète inspiré prétend composer son œuvre sans réflexion ni effort, sous l'influence d'une instance extérieure et transcendante, d'essence divine ou organique. On sait comment Lamartine évoque ce processus comme un geste absolument irréfléchi : « Je passe quelques heures assez douces à épancher sur le papier dans ces mètres qui marquent la cadence et le mouvement de l'âme, les sentiments, les idées, les souvenirs, les tristesses, les impressions dont je suis plein, [...] ces harmonieuses confidences de ma propre rêverie »[3]. Il cherche ainsi à disqualifier la rhétorique pour présenter le poème comme un cri du cœur écrit au premier degré de l'émotion. Or dans l'« Épilogue » des *Poëmes saturniens*, cette posture se trouve franchement mise en cause. Si le sujet poétique évoque « l'Inspiration superbe et souveraine » (*Ps.*, p. 92), cette double caractérisation laudative s'avère clairement antiphrastique[4]. Le *topos* métaphorique qui consiste à

1. Voir Arnaud Bernadet, « " Être poète lyrique et vivre de son état " : fragments d'une théorie de l'individuation chez Verlaine », *Rv.*, 2002, n° 7-8, p. 84-119.

2. Édouard Rod, « Paul Verlaine et les décadents » [1888], *in* Olivier Bivort, *Verlaine, op. cit.*, p. 213.

3. Lamartine, « Lettre à M. Léon Bruys d'Ouilly », *Recueillements poétiques,* Paris, Garnier, 1925, p. XVI.

4. Voir *infra* l'étude plus détaillée d'Henri Scepi.

assimiler la création spontanée à un phénomène naturel se trouve par exemple détourné à des fins satiriques. Les « poëmes » que l'Inspiration fait pousser « d'un coup dans les premiers cerveaux » ressemblent en effet à « ces pissenlits dont s'émaillent la route » (*ibid.*, p. 93). Ils ne sont plus comparés à de nobles fleurs, mais à de mauvaises herbes. L'allusion scatologique n'est pas loin, si l'on note que le pissenlit doit son nom à ses vertus diurétiques. Ces vers polémiques font écho aux critiques que les héritiers du Romantisme adressent alors aux défenseurs de l'Inspiration. Verlaine se souvient notamment qu'à la suite de Poe, Baudelaire a condamné ces écrivains qui « affectent l'abandon, visant au chef-d'œuvre les yeux fermés, pleins de confiance dans le désordre et attendant que les caractères jetés au plafond retombent en poème sur le parquet... » (*Pr.*, p. 605-606).

Face à ce « Débraillé à combattre » (*Pr.*, p. 110), le sujet poétique de l'« Épilogue » propose de remplacer l'Inspiration par les notions de volonté et d'effort : « Ce qu'il nous faut à nous, c'est l'étude sans trêve,/ C'est l'effort inouï, le combat non pareil » (*Ps.*, p. 93). Comme Poe et Baudelaire, Verlaine est « de ceux-là qui croient que ce n'est pas perdre son temps que de parfaire une belle rime, d'ajuster une image bien exacte à une idée bien présentée, de chercher des analogies curieuses, et des césures étonnantes [...] » (*Pr*, p. 607-608). Dans l'essai qu'il consacre à Barbey d'Aurevilly en 1865, il se range aux côtés des jeunes poètes qui ont « ce ridicule de penser que les beaux vers ne se font pas tout seuls et que les rimes pauvres n'entraînent pas fatalement la richesse des images ni celle des idées » (*ibid.*, p. 613). Est-ce à dire qu'il voue un culte à la Beauté pure, reprenant à son compte ces fameux vers de « L'Art » de Théophile Gautier ?

> Sculpte, lime, cisèle ;
> Que ton rêve flottant
> Se scelle
> Dans le bloc résistant ![1]

Une nuance s'impose si l'on se penche sur les détails de l'« Épilogue ». En effet, le rapprochement topique entre la beauté et la statuaire se trouve modalisé dans cette proposition interrogative : « Est-elle en marbre, ou

1. Gautier, *Émaux et Camées, Œuvres poétiques complètes*, Paris, Bartillat, 2004, p. 572.

non, la Vénus de Milo ? » (*Ps.*, p. 93) Plus largement, les vers consacrés aux partisans acharnés de la Volonté comprennent des tours emphatiques assez comparables à ceux qui minent l'évocation parodique des Inspirés. Il semble que ces « Suprêmes Poëtes » n'aient que de nouveaux clichés grandiloquents, de nouveaux « tropes embêtants » (*Po.*, p. 1029) à opposer aux lieux communs romantiques. Ce poème semble donc railler l'écueil conduisant à étouffer la créativité et l'expression singulière sous des principes académiques stérilisants.

En renvoyant dos à dos les postures inspirée et formaliste, l'« Épilogue » ouvre en filigrane une voie de conciliation. Il suggère que l'œuvre naît d'un processus complexe mettant en tension la conscience et l'inconscience, l'instinct et le travail. Sans nier la part d'imprévu qui participe à l'écriture, Verlaine réhabilite la part d'intelligence et de raison qui intervient dans l'élaboration du poème. C'est dans cette dynamique que peut s'épanouir l'Imagination créatrice, cette « Reine des facultés »[1] qui produit « la sensation du neuf » (*Pr.*, p. 607) et traduit la véritable singularité artistique. Ainsi Verlaine peut-il conclure dans son essai consacré à Baudelaire : « La Muse, c'est l'imagination qui se souvient, compare et perçoit. Apollon, c'est la volonté qui traduit, exprime et rayonne » (*ibid.*, p. 606).

POÉTIQUES DU SUJET

Cette critique de l'« inspirantisme » engage une réflexion sur la poétique du sujet. Du point de vue de l'énonciation romantique, le « je » du poème, considéré comme « le poète », tend à être spontanément confondu avec l'auteur. Madame de Staël résume cette approche en indiquant que « la poésie lyrique s'exprime au nom de l'auteur même »[2]. Yves Vadé précise cette conception en définissant le sujet romantique comme « une instance d'énonciation produisant des énoncés poétiques dont le référent serait l'intimité même de l'auteur »[3]. Souvent la création

1. Baudelaire « La Reine des facultés », *Salon de 1859, Œuvres complètes,* Paris, Gallimard, « Bibliothèque de la Pléiade », t. II, 1976, p. 619-623.

2. Madame de Staël, *De l'Allemagne,* Paris, Garnier-Flammarion, t. I, 1968, p. 206.

3. Yves Vadé, « L'Émergence du sujet lyrique à l'époque romantique », *in* Dominique Rabaté (dir.), *Figures du sujet lyrique*, Paris, PUF, 1996, p. 14-15.

verlainienne a été abordée dans cette perspective. Pourtant, l'approche néo-beuvienne est loin d'en épuiser les enjeux. En effet, le sujet lyrique se constitue avant tout *dans* et *par* le poème. Or, les recueils de Verlaine déploient de multiples configurations énonciatives. L'autobiographie ne constitue qu'une des nombreuses facettes de cette poétique protéiforme.

Il convient d'ailleurs de relativiser les analyses que Jacques-Henry Bornecque a formulées dans les années 1970 à propos des *Poëmes saturniens*. Selon ce commentateur, certaines pièces encadrées et comme surveillées par des thèmes apparemment impersonnels renverraient à l'amour de Verlaine pour sa cousine Élisa Moncomble[1]. Le recueil évoquerait l'évolution secrète de cette passion lors de séjours effectués à Lécluse en 1862 et en 1865. De nombreux critiques[2] ont montré la fragilité de ces interprétations qui tendent à multiplier les hypothèses référentielles au détriment des logiques propres du texte. Lorsque le sujet lyrique d'« À une femme » s'adresse à sa destinataire pour lui dire ses souffrances en évoquant l'automne, ce n'est pas l'invérifiable ancrage référentiel du poème qui touche le lecteur, mais plutôt sa manière de traiter ce *topos* élégiaque pour faire entendre une voix nouvelle, particulièrement discordante. C'est pourquoi Edmond Lepelletier en vient à affirmer que « dans ce recueil [...] il n'y a aucun aveu, aucune trace de confession »[3]. Plus précisément, il apparaît que si Verlaine se nourrit de ses expériences personnelles pour composer les *Poëmes saturniens*, ces vers les reconfigurent sans créer de véritable effet autobiographique. Certes, il appose ses initiales « P. V. » au bas du poème liminaire. Mais ce paratexte est soumis à un régime énonciatif spécifique. Il vise surtout à remotiver une posture auctoriale topique au seuil de l'œuvre. Par la suite, le recueil ne fait pas explicitement signe vers la vie du poète. Les *Fêtes galantes* assument plus nettement encore ce détachement référentiel, en ce que la voix du sujet y affiche sa dimension artificielle. Cette fantaisie polyphonique entremêle les voix de la *commedia dell'arte*, de la comédie classique française et de la pastorale. Le lecteur croise également les paroles d'un abbé libertin et d'un galant de Marivaux. Le sujet poétique s'affirme alors dans un cadre résolument fictionnel.

1. Jacques-Henry Bornecque, *Les* Poèmes saturniens *de Paul Verlaine,* Paris, Nizet, 1977.
2. Voir notamment Jacques Robichez, *Op.*, p. 11-19.
3. Edmond Lepelletier, *Paul Verlaine, sa vie, son œuvre*, Paris, Mercure de France, 1923, p. 152-153.

Les *Romances sans paroles* semblent en revanche relever d'une configuration plus proche de l'autobiographie, en ce qu'elles comprennent des datations et des localisations précises. Si certaines pièces, comme « *Beams* », résistent à l'éclairage référentiel, en dépit des nombreuses hypothèses qui ont pu être formulées pour expliquer leurs clés, ailleurs le lecteur semble plus simplement invité à faire référence à la vie de Verlaine. Les « Paysages belges » et les « Aquarelles » peuvent ainsi rappeler les voyages qu'il a effectués entre 1872 et 1873 en compagnie de Rimbaud. Les commentateurs s'accordent également pour considérer que la « *Mauvaise Chanson* »[1] de « *Birds in the Night* » fait entendre un écho de ses démêlés conjugaux. Il faut cependant préciser que ces circonstances autobiographiques se trouvent d'emblée excédées par les poèmes. Ainsi dans « Charleroi », la mention géographique du titre crée une impression de référentialité que le poème met ensuite en tension avec des éléments fictionnels. Si le locuteur capte la modernité réaliste des gares et des forges, il y inscrit une référence fantastique aux Kobolds, ces gobelins qui peuplent les légendes allemandes (*Rsp*, p. 137-138). Dans « Malines », la description du paysage s'élabore à la croisée d'une expérience singulière et d'un imaginaire littéraire. En témoignent les images du « Sahara de prairies » et des « arbres de féeries » (*ibid.*, p. 143). Outre la référence explicite à Fénelon, qui invite à se remémorer la description de l'île de Calypso dans *Les Aventures de Télémaque*, le lecteur peut entendre au vers 19 un souvenir de « L'Invitation au voyage », où le locuteur baudelairien imaginait un cadre permettant d'« aimer à loisir »[2]. Ces éléments montrent que le sujet poétique ne constitue pas une entité rivée à l'identité de l'auteur, repliée sur son « moi » empirique. Il procède plutôt d'une reconfiguration permanente d'éléments référentiels et fictionnels hétérogènes.

Si Verlaine reproche à Barbey d'Aurevilly d'ériger la sincérité de l'artiste en critère esthétique[3], c'est finalement parce que cette conception tend à occulter le caractère problématique de l'instance lyrique, qui semble toujours en attente de son unité et de sa consistance[4]. Lorsqu'elle

1. Lettre à Émile Blémont, 5 octobre 1872, *Cg.*, p. 256.

2. Baudelaire, *Les Fleurs du Mal, Œuvres complètes*, t. I, éd. citée, p. 53.

3. Voir Verlaine, *Le Juge jugé* : Les Œuvres et les hommes *par Jules Barbey d'Aurevilly*, *Pr.*, p. 614.

4. Karlheinz Stierle, « Identité du discours et transgression lyrique », *Poétique*, Paris, Seuil, 1997, n° 32, p. 422-441.

envisage de se ressaisir un instant dans l'autobiographie, c'est en continuant à reconstruire sa référence dans chaque poème. Cette instabilité explique que le sujet aille à la rencontre de nombreuses voix historiques et littéraires, qu'il tente de projeter ses doutes dans les évocations impersonnelles de « L'Heure du berger » (*Ps.*, p. 59) ou de la troisième ariette (*Rsp.*, p. 127). Ces expériences énonciatives contribuent à faire de l'œuvre une permanente « épreuve du lyrisme »[1].

DE L'IMPASSIBILITÉ À L'ART DE LA SUGGESTION

Verlaine récuse les excès de l'introversion romantique qui confinent au narcissisme et au solipsisme. Comme Baudelaire, il se défie des « singes du sentiment »[2] et prétend écrire en haine du mot « psychologie » (*Pr.*, p. 722). Refuse-t-il pour autant de conférer la moindre épaisseur émotionnelle au sujet lyrique, rejoignant ainsi l'ascèse subjective que prône l'auteur des *Poèmes antiques* au seuil de son recueil ? Ardent défenseur de l'Impassibilité, Leconte de Lisle invite en effet le poète à bannir les « émotions regrettées ou rêvées »[3]. Il propose plutôt d'aborder des sujets universels pour entrer « dans la vie contemplative et savante, comme en un sanctuaire de repos et de purification »[4]. Verlaine a parfois été considéré comme un adepte de cette poétique marmoréenne. Pourtant, son œuvre manifeste des résistances à l'égard de cette « Im-pas-si-bi-li-té toute théorique » (*Pr.*, p. 111). « Un dahlia » confirme d'ailleurs cette approche distanciée. Ce poème reprend la comparaison topique entre la femme et la fleur dans une perspective réflexive ambiguë. Cette « Idole insensible à l'encens » qui « Déroule, mate, ses impeccables accords » (*Ps.*, p. 73) figure à la fois l'amante insensible et la Beauté impassible. Mais le poème est grevé d'images qui introduisent de la dissonance dans cet éloge prétendu. L'œil indolent de cette « beauté sereine » ressemble par exemple à « celui d'un bœuf » (*idem.*). Certes, cette expression peut être interprétée comme

1. Thierry Chaucheyras, « Verlaine-Cros : la reprise de la parole (ou approches du texte lyrique hétérogène) », *Rv.*, 1996, n° 3-4, p. 107.

2. Baudelaire, « De M. Ary Scheffer et des singes du sentiment », *Œuvres complètes,* t. II, éd. citée, p. 474-477.

3. Leconte de Lisle, « Préface » des *Poèmes antiques,* éd. cit., p. 311.

4. *Idem.*

la traduction d'une épithète homérique qui qualifie souvent la déesse Héra dans la littérature antique[1], mais elle n'en risque pas moins de surprendre le lecteur et de l'inviter à explorer les virtualités ironiques de la comparaison animale. Dans cette perspective, on peut noter que « Çavitrî » repose également sur une logique métapoétique ambivalente[2]. Ces vers évoquent une femme qui envisage « De se tenir trois jours entiers, trois nuits entières,/ Debout, sans remuer jambes, buste ou paupières » (*Ps.,* p. 68). Ce régime se présente comme une transposition physique des rigueurs de l'Impassibilité, qui impose au poète de composer une œuvre sans le moindre mouvement affectif. Mais cette rigidité risque de conduire le corps et la création à l'ankylose. D'ailleurs, le maniérisme de ces vers leur confère une note légèrement parodique. Et surtout le poème finit par nuancer ce principe rigoriste, en mettant en valeur les termes « cœur » et « âme » en fin de vers et à la césure (*idem.*). La rigidité impassible se trouve ainsi dépassée par le retour inéluctable des passions. En creux, ce poème semble souligner que l'expression des émotions représente à la fois un obstacle et une nécessité pour l'écriture.

Pour éviter les écueils de l'Impassibilité, tout en se dégageant de la problématique « sincériste » et « passioniste » (*Pr.,* p. 620), Verlaine choisit d'insister sur les logiques créatrices à même de susciter des émotions chez le lecteur, indépendamment au fond des affects de l'auteur. Dans l'essai qu'il consacre à Baudelaire, il se montre particulièrement sensible aux effets évocateurs des bizarreries métriques. Ces irrégularités ne visent pas à ruiner le vers ni à cultiver des jongleries gratuites, mais plutôt à exploiter les contraintes de la versification pour exacerber ses ressorts suggestifs. Verlaine indique que si certains poèmes des *Fleurs du Mal* le « remuent jusqu'au cœur », suscitant « une angoisse inexprimable et croissante », cet effet ne doit pas tant aux émotions hypothétiquement ressenties par le poète qu'à ses choix d'écriture : « Aussi je défie de citer un vers – un seul ! - de tout le recueil [...] quelque bizarre que paraisse sa construction, quelque tourmentée que semble son allure, qui n'ait été, tel quel, mis là à dessein [...] » (*ibid.,* p. 610). Il considère par exemple les enjambements des « Petites vieilles » comme des « onomatopées métriques » qui brisent le vers pour mieux dire la décrépitude de ces êtres « cassés » par le temps. De

1. Voir Martine Bercot (éd.), V., *Poèmes saturniens,* Paris, Le Livre de Poche, 1996, p. 185.
2. Voir Arnaud Bernadet, *Fêtes galantes, Romances sans paroles..., op. cit.*, p. 59-62.

« l'un peu déjà libre versification » (p. 720) des *Poëmes saturniens* aux « hérésies de versification »[1] des *Romances sans paroles,* l'œuvre verlainienne accentue et diversifie cette culture de la discordance. Dans « À une femme », les alexandrins irréguliers contribuent ainsi à rendre compte de l'émotion du sujet poétique. À la césure, le lecteur rencontre des termes grammaticaux normalement inaccentués, comme des déterminants (« Ces vers du fond de *ma* + détresse violente ») ou des conjonctions monosyllabiques (« Se multipliant *comme* + un cortège de loups »). De telles dissonances permettent de souligner l'intensité des affects exprimés dans le second hémistiche de chacun de ces vers (*Ps.*, p. 44).

Outre ces effets de dramatisation, Verlaine cherche parfois à créer des impressions de grande simplicité. Il témoigne de son intérêt pour cet « effet sans effort » (*Pr.*, p. 846) qu'il observe dans l'œuvre de Rimbaud autour de 1872. À la suite de Poe et de Baudelaire, il admire notamment les pouvoirs expressifs de la répétition, « ce procédé si simple en apparence, mais en vérité si décevant[2] et si difficile, qui consiste à faire revenir un vers toujours le même autour d'une idée toujours nouvelle et réciproquement ; en un mot à peindre l'*obsession* » (*Pr.*, p. 611). L'ariette II s'appuie par exemple sur un répertoire lexical très restreint pour dire la tristesse incurable du sujet poétique (*Rsp.*, p. 126). Ces vers reposent sur une structure qui rappelle celle du triolet, avec le même mot repris à la rime en début et en fin de quatrain (AbaA). Les phonèmes compris dans le mot « cœur » sont diffractés dans l'ensemble du poème, constituant une trame répétitive proche de la litanie. Les distiques de l'ariette VII concentrent également les phénomènes de redondance (*ibid.*, p. 132). Le sujet exprime sa tristesse inextinguible et une impression de désorientation au sein d'un poème qui ne se soutient que par son système de répétitions lexicales, phoniques et sémantiques[3]. Ces redites projettent toujours en avant l'expression d'un mal-être qui est moins expliqué que suggéré. Elles contribuent à l'invention d'une parole singulière qui place le lecteur au centre du dispositif lyrique, au détriment d'une expressivité rivée aux émotions supposées de l'auteur.

1. Lettre à Edmond Lepelletier, 23 mai 1873, *Cg.*, p. 321.

2. Au sens ici de « trompeur ».

3. Voir Olivier Bivort, « Verlaine et la rhétorique de la mélancolie », in *Sotto il segno di Saturno : malinconia, spleen e nevrosi nella letteratura dell' Ottocento*, Bari, Schena, « Quaderni del Castello », 1994, p. 143-167.

3

Révolte et création

SOLENN DUPAS

La réception verlainienne s'est longtemps arrêtée sur l'image d'un poète passif, englué dans la contemplation de son vide intérieur. Les analyses phénoménologiques ont particulièrement cultivé cette représentation. Selon Jean-Pierre Richard, le désenchantement irréductible du sujet des *Poëmes saturniens* ou des *Romances sans paroles* l'empêcherait de se projeter vers l'extérieur, l'obligeant à adopter une posture d'attente face au monde[1]. Cette approche ne prend aucunement en compte l'historicité du projet de Verlaine. Il est pourtant problématique d'occulter ses positions idéologiques et ses réflexions sur l'articulation entre l'esthétique et l'éthique.

UN RÉPUBLICAIN « DU ROUGE LE PLUS NOIR »[2]

S'il a parfois présenté sa jeunesse sous le signe du désengagement, notamment au lendemain de sa conversion en 1874, Verlaine est loin d'avoir caché son opposition au Second Empire. Dès 1858, il envoie son poème « La Mort » (*Po.*, p. 11) à Victor Hugo, qui se trouve alors retiré à Guernesey. Cet hommage au Maître dénonce allégoriquement l'Empire et rend hommage aux « vaincus », ces opposants que Napoléon III a condamnés à la mort ou à l'exil. À la fin des années 1860, ses contemporains le décrivent comme un poète « subversif en diable »[3], « absolument républicain, et non des plus modérés »[4]. Il fréquente des auteurs de l'extrême gauche, comme Émile Blémont ou Louis-Xavier de Ricard. Tous s'inscrivent dans la tradition idéologique issue de février 1848 pour manifester leur solidarité à l'égard de la classe ouvrière. Une

1. Jean-Pierre Richard, « Fadeur de Verlaine », *Poésie et Profondeur*, Paris, Seuil, 1953, p. 165.
2. *Pr.*, p. 114.
3. René Delorme, « Paul Verlaine » [1869], *in* Olivier Bivort, *Verlaine*, *op. cit.*, p. 57.
4. Louis-Xavier de Ricard, *Petits Mémoires d'un Parnassien*, *op. cit.*, p. 120.

partie de l'œuvre verlainienne reflète clairement ce parti-pris démocrate-socialiste. Les poèmes qui paraissent dans le deuxième *Parnasse contemporain* en 1869, et qui seront en partie repris dans *Jadis et naguère* en 1884, s'avèrent des plus polémiques. Les vers des « Poètes », qui seront bientôt intitulés « Les Vaincus », évoquent par exemple les souffrances des opprimés pour mieux inviter les « frères » à troubler le festin des rapaces impériaux : « Au combat, au combat ! car notre sang qui bout/ A besoin de fumer sur la pointe des glaives » (*Po.*, p. 307).

Lorsque que la guerre contre la Prusse se conclut par la défaite de Sedan en septembre 1870, Verlaine publie des textes patriotiques et soutient les Communards contre le gouvernement de la Défense nationale. Malgré les menaces versaillaises, il conserve son poste de fonctionnaire à l'Hôtel de Ville. Ses *Souvenirs de la Commune* évoquent les réunions publiques des insurgés en ces termes : « C'était franc, nullement logomachique et d'une langue très suffisante dans l'espèce. Bref, j'approuvais, du fond de mes lectures révolutionnaires plutôt hébertistes et proudhoniennes, cette révolution tenant de Chaumette et de Babeuf et de Blanqui. » (*Pr.*, p. 281) De son point de vue, le Comité central a « tout bonnement posé, d'aplomb et net et bien, la question politique intérieure et indiqué d'un trait parfait le futur problème social à résoudre *illico,* fût-ce par les armes... » (*ibid.*, p. 543). Après la Semaine sanglante (21-28 mai 1871), il partage le désenchantement des vaincus. Tandis que la IIIe République se constitue dans un contexte parlementaire majoritairement conservateur, son itinéraire en compagnie de Rimbaud le conduit notamment à Londres, où il retrouve certains de leurs amis exilés comme Eugène Vermersch, Jules Andrieu et des membres de la Première Internationale. Verlaine prend alors ses distances avec les Parnassiens les plus consensuels, notamment Coppée et Leconte de Lisle. À ce dernier, il reproche fermement ses attitudes opportunistes. Dans un dizain satirique de l'époque, il raille ainsi ce « Maître » « décoré comme une/Châsse » qui n'a « pas encor digéré la Commune » (*Po.*, p. 933). Tandis que Thiers puis Mac-Mahon défendent l'Ordre moral en renforçant le contrôle de l'expression, il continue à méditer un projet de recueil anti-bonapartiste et socialiste qu'il ne parvient pas à faire publier, *Les Vaincus.* Ces éléments témoignent de ce qu'il est loin d'inscrire sa démarche poétique en marge de l'Histoire.

LES ENJEUX DE L'ART POUR L'ART

Pour autant, il serait difficile de prétendre que ses premiers recueils sont directement mis au service d'une idéologie. Le « Prologue » des *Poëmes saturniens* critique même la posture héroïque du Mage auréolé d'une mission politique et sociale, reléguant dans le passé ce « rôle de prêtre » (*Ps.*, p. 37) qu'on attribue alors à Hugo. Il évoque l'isolement de l'artiste pur, son mépris pour les « besognes vulgaires » et mondaines : « Le Poëte, l'amour du Beau, voilà sa foi,/ L'Azur, son étendard, et l'Idéal, sa loi ! » (*idem.*) Proclamant le divorce du Rêve et de l'Action, il semble défendre une approche restrictive de l'art pour l'art. Cette théorie reflète le désenchantement des artistes qui prétendent créer des œuvres portant en elles-mêmes leur propre finalité, en dehors de tout investissement social ou politique. La « Préface » de *Mademoiselle de Maupin* (1835-1836) constitue une référence pour les partisans de l'autonomie de l'art dans les années 1860. Gautier y condamne l'utilité de la littérature : « Il n'y a de vraiment beau que ce qui ne peut servir à rien ; tout ce qui est utile est laid »[1]. Au seuil de son premier recueil, Verlaine modalise cependant cette conception rigoureusement désengagée de l'art. Il ne se contente manifestement pas de conférer des vertus consolatrices à la Beauté. En effet, dans le « Prologue », l'accumulation des tours hyperboliques finit par rendre suspect l'éloge des « Chanteurs » (*Ps.*, p. 37) contempteurs de la société. Par son manque de nuance, le poème rejoint les critiques que certains contemporains adressent alors aux Parnassiens les plus radicaux. Ces derniers se trouvent accusés de faire montre d'une réaction passive, boudeuse et finalement stérile.

Dans l'essai qu'il consacre à Baudelaire, Verlaine expose les enjeux véritables de sa démarche. Il commence par critiquer toutes les formes d'instrumentalisation de l'art en renvoyant dos à dos Proudhon et Guizot. Par-delà leurs différences idéologiques, ces auteurs qui défendent respectivement des thèses anarchistes et libérales ont selon lui en commun d'asservir leurs écrits à une logique doctrinale, sacrifiant l'exigence esthétique au nom de l'utilité morale et politique. Mais Verlaine n'en reste pas à ce premier niveau argumentatif. S'il cite Baudelaire en indiquant que « le but de la Poésie, c'est le Beau, le Beau seul, le Beau pur, sans alliage

1. Gautier, « Préface » de *Mademoiselle de Maupin,* Paris, Garnier-Flammarion, 1966, p. 45.

d'Utile, de Vrai ou de Juste », il emprunte également à son aîné une nuance essentielle, restaurant la possibilité d'une alliance féconde entre l'éthique et l'esthétique : « Tant mieux pour tout le monde si l'œuvre du poète se trouve, par hasard, mais par hasard seulement, dégager une atmosphère de justice ou de vérité. »[1] (*Pr.*, p. 605) En fait, il n'exclut pas « la politique, la passion et l'émotion, toutes choses très bonnes... » (*ibid.*, p. 621). Il impose simplement de les inscrire « à leur place respective » (*id.*), une place impliquant que l'intention idéologique ne prime plus sur la recherche esthétique. Distinguant la morale pratique de la morale des arts, Verlaine rejoint ainsi les réflexions que Baudelaire formule dans ses « Notes pour mon avocat ». Il ne conçoit pas l'autonomie de l'œuvre comme *autarcie* mais comme *spécificité*[2]. La poésie propose en effet un discours sur le monde avec des fins et des moyens propres : « Le Poète ne doit pas plus de compte au Moraliste, au Tribun, au Philosophe ou au Savant, que ceux-ci ne lui en doivent » (p. 605). Le sens moral ou politique naît indirectement, au moment où le poème engage une parole. En s'appropriant une langue chargée de valeurs, la voix lyrique exprime un rapport singulier à l'Histoire et à la collectivité, elle délivre une éthique.

SATIRES ANTI-BONAPARTISTES

Verlaine paraît s'inscrire dans la continuité des auteurs « dépolitiqué[s] »[3] par les horreurs impériales. À l'instar de Baudelaire, qui use de cet adjectif pour qualifier sa réaction au lendemain du 2 décembre, il exprime moins une dépolitisation qu'un dégoût pour les réalités contemporaines du pouvoir. Dans cette perspective, il apparaît que son œuvre s'inscrit en faux contre certaines facettes de la réalité contemporaine. « Monsieur Prudhomme » montre d'abord que le sujet

1. Voir Baudelaire, *Études sur Poe*, *Œuvres complètes*, t. II, Paris, éd. cit., p. 333 : « Aucun poème ne sera si grand, si noble, si véritablement digne de ce nom, que celui qui aura été écrit uniquement pour le plaisir d'écrire un poème. Je ne veux pas dire que la poésie n'ennoblisse pas les mœurs – qu'on me comprenne bien –, que son résultat final ne soit pas d'élever l'homme au-dessus des intérêts vulgaires ; ce serait une absurdité. »

2. Voir Arnaud Bernadet, « " Être poète lyrique et vivre de son état " : fragments d'une théorie de l'individuation chez Verlaine », *Rv.*, n° 7-8, 2002, p. 84-119.

3. Lettre de Baudelaire à Narcisse Ancelle, 5 mars 1852, *Correspondance*, Paris, Gallimard, « Bibliothèque de la Pléiade », t. I, 1973, p. 188.

poétique récuse l'univers socio-culturel de la bourgeoisie. Ce personnage inventé par Henri Monnier durant la monarchie de Louis-Philippe incarne en effet le conservatisme et la prétention stérile de sa classe sociale. En contrepoint, il permet de définir les valeurs des poètes, qu'il considère comme des « faiseurs de vers, [d]es vauriens, [d]es maroufles » (*Ps.*, p. 66). Leur mérite est inversement proportionnel au mépris que ce fantoche cupide leur voue. Sans doute Verlaine laisse-t-il au lecteur républicain la possibilité de rapprocher ce personnage orléaniste des bourgeois bonapartistes qui s'entendent alors avec le pouvoir pour conforter leurs avancées économiques. D'ailleurs, d'autres poèmes portent plus directement atteinte à l'autorité impériale. Mais ils reflètent les contraintes qui entravent à l'époque la liberté d'expression. Certes, les *Poëmes saturniens* et les *Fêtes galantes* paraissent durant la phase dite « libérale » du Second Empire. Mais les libertés restent alors toutes relatives et de nombreux journaux sont encore victimes de la censure. Au début de la IIIe République, l'expression demeure également soumise à la surveillance d'une majorité conservatrice qui prône « l'Ordre moral ». S'exprimer contre la parole officielle suppose donc de passer par des stratégies d'expression obliques. Les procédés allusifs constituent une réponse aux dispositifs institutionnels et étatiques qui assurent ce contrôle des discours.

Nourri de la veine caricaturale qui se déploie à l'époque dans l'iconographie et les écrits républicains, Verlaine use notamment de l'allégorie pour mettre implicitement en cause Napoléon III et son autorité. Un des biais couramment utilisés par l'opposition consiste à évoquer des figures historiques pour viser indirectement l'Empereur. Le portrait élaboré dans « César Borgia »[1] procède manifestement de cette logique. Bien loin de constituer une simple transposition d'art, ce poème complexe offre deux niveaux d'interprétation qui se trouvent mis en abyme dans l'évocation initiale des bustes d'Horace et de Tibulle (*Ps.*, p. 84). Tibulle incarne, en effet, une sorte d'indépendance politique et morale face aux *Satires* d'Horace. L'auteur des *Élégies* est bien connu pour son attitude de défiance à l'égard de son souverain Auguste. En creux, le lecteur est donc invité à interpréter les virtualités critiques de ce poème

1. Voir Steve Murphy, *Marges du premier Verlaine*, *op. cit.*, p. 227-234, et Arnaud Bernadet, *L'Exil et l'Utopie*, Publications de l'Université de Saint-Étienne, 2007, p. 53-79.

qui multiplie les allusions à Napoléon III. D'emblée son attention est attirée par un trait physique mis en valeur à la rime : la moustache du souverain. Dans les nombreux portraits officiels utilisés pour sa propagande, l'Empereur a particulièrement mis en scène cet élément de sa physionomie, au point qu'il est devenu un trait distinctif de son image. Or les satiristes n'ont pas manqué de se l'approprier à leur tour dans leurs caricatures. Le jeu cryptique se poursuit avec la mention du « duc CÉSAR » qui se trouve mise en valeur par la typographie (*idem*). La simplification onomastique de ce titre autorise le lecteur à faire référence à Jules César, auquel Napoléon III aime justement à se comparer. Depuis 1860, il se vante même de composer la biographie de l'empereur romain avec son ministre Victor Duruy. Les républicains ne manquent pas de railler cette prétention qui traduit selon eux des ambitions despotiques. Les virtualités satiriques de ce rapprochement topique sont ici d'autant plus manifestes qu'il se trouve dégradé. La suite du texte revient en effet à l'inquiétante figure de César Borgia, qui inspira le *Prince* de Machiavel. On peut ajouter que l'équivoque de la fin du poème n'est pas sans jouer avec une autre facette de sa réputation. Elle suggère que les « pensers énormes d'aventures » et les « projets formidables » (*idem*) de ce César de pacotille concernent moins de hauts faits politiques que des rêveries licencieuses[1]. Verlaine reprend ici un *topos* de la satire républicaine, qui consiste à évoquer l'Empereur sur un mode « polisso[n] » (*Pr.*, p. 942-943) pour porter atteinte au caractère sacré de son pouvoir.

L'œuvre convoque également un bestiaire symbolique amplement représenté dans la tradition contestataire[2]. Dans « La Mort de Philippe II », l'« aigle » qui apparaît sur « maints drapeaux » (*Ps.*, p. 85) du palais espagnol permet d'établir un parallèle implicite entre Napoléon III et ce roi réputé pour sa cruauté. En effet, ce blason ne renvoie pas seulement aux conquêtes du père de Philippe II, qui fut sacré à la tête du Saint Empire romain germanique en 1519. Les lecteurs contemporains y retrouvent également l'emblème du Second Empire français. Or, pour les opposants au régime, ce symbole aquilin ne signifie pas tant la majesté absolue qu'une volonté de puissance inflexible et dévorante. La tyrannie du

1. Dans un autre poème de Verlaine lui aussi intitulé « César Borgia », ce versant érotique de la satire sera clairement développé (voir Steve Murphy, *Marges du premier Verlaine, op. cit.*, p. 181-189).

2. Sur les enjeux satiriques du bestiaire verlainien, voir Solenn Dupas : « Lectures politiques de l'allégorie dans " Le Monstre " » (à paraître).

souverain espagnol se présente alors comme une sorte d'anticipation funeste du pouvoir napoléonien. À rebours des oraisons élogieuses qu'un Bossuet a pu consacrer aux Grands pour leur rendre hommage, ce poème présente le souverain agonisant sous les traits d'un être sanguinaire. Sa repentance s'avère douteuse, puisqu'il est allié à une Église inquisitrice qui soutient ses crimes avec complaisance. Cette entente peut facilement faire écho à celle que Napoléon III et le Pape Pie IX entretiennent depuis les années 1850. La description de la maladie du roi ramène encore le lecteur vers l'Empereur français, qui souffre alors de la lithiase, ce dont jouent volontiers les satires contemporaines. Bientôt Napoléon III sera d'ailleurs représenté en fantoche brandissant un clystère en guise de sceptre. Les détails nosographiques permettent de dégrader ce portrait oblique, et symboliquement de porter atteinte à une autorité contestée. La dénonciation se conclut sur la mort du souverain, comme pour traduire le désir des opposants qui attendent avec impatience la fin de ce régime décomposé. La dédicace à Louis-Xavier de Ricard, qui affiche à l'époque son engagement républicain et son athéisme, vient confirmer cette interprétation idéologique.

Le poème « Effet de nuit », qui évoque une scène de mise à mort dont le contexte reste imprécis, joue également d'une référence animale signifiante (*ibid.*, p. 50). Ces vers se concentrent en effet sur des détails macabres dont certains autorisent une interprétation allégorique oblique. Les pieds des condamnés exécutés sont ainsi dévorés par les loups. Or ces charognards mis en valeur à la rime constituent un élément récurrent dans le code allégorique des démocrates, qui permet de dénoncer les massacres perpétrés au nom du pouvoir impérial. Dans « La Voix de Guernesey », Hugo mentionne par exemple « les loups sortis des antres »[1], qui dévorent les cadavres des républicains vaincus à Rome par les troupes françaises. Verlaine reprend lui-même ce motif dans « Les Loups », un poème que la *Revue des Lettres et des Arts* publie en 1867. Il y donne directement la parole à ces carnassiers dont « l'impérial appétit » est des plus évocateurs (*op.*, p. 303). Pour les lecteurs contemporains, les condamnés à mort et les prisonniers d'« Effet de nuit » sont donc susceptibles de figurer les opposants que le pouvoir de Napoléon III a entrepris d'écraser.

1. Hugo, « La Voix de Guernesey », *Poésies*, t. II, Paris, Robert Laffont, « Bouquins », 1985, p. 1041.

MÉLANCOLIES OPPOSITIONNELLES

Pour mettre à distance cet ordre illégitime, le sujet poétique verlainien adopte une posture de retrait volontaire. Dans le « Prologue » des *Poëmes saturniens,* il dit son intention d'« exil[er] [c]e monde » qui l'exile lui-même (*Ps.*, p. 37). Progressivement, cette marginalité tend à s'intérioriser, à s'énoncer sous une forme mélancolique. Verlaine rejoint en fait ces auteurs pour qui l'expression du spleen permet de manifester en creux un refus de l'oubli[1]. Si leurs œuvres n'expriment pas une résistance directe au pouvoir, elles proposent cependant une double lecture, sollicitant les compétences des destinataires connivents. Le sujet poétique du « Cygne » baudelairien évoque par exemple les affres d'un oiseau échappé de sa cage pour se retrouver sur « le pavé » et près « d'un ruisseau »[2], comme la classe ouvrière en 1848. Andromaque, qui peuple ses pensées affligées, est de plus une figuration conventionnelle de la France trahie par le Pyrrhus impérial dans l'iconographie socialiste[3]. Le dédicataire de ce poème, Hugo, ne pouvait ignorer les enjeux critiques de cette parole mélancolique.

De même, Verlaine confère à plusieurs reprises une dimension oppositionnelle à l'expression de l'angoisse et de la tristesse. Avec la « main des libertés », les « Grotesques » accompagnent à la guitare des « chants bizarres/Nostalgiques et révoltés » (*Ps.*, p. 51) qui semblent une mise en abyme du poème. Auréolés d'une « orgueilleuse mélancolie », ils représentent en creux une posture révolutionnaire. Ces vagabonds sont en effet marqués dans leur chair par les douleurs des « juins » et des « décembres » (*ibid.*, p. 52). Pour les contemporains de Verlaine, ces repères temporels sont particulièrement signifiants. Ils renvoient à deux événements majeurs de l'histoire du XIXe siècle : le massacre des ouvriers lors des émeutes de juin 1848 et la répression qui a suivi le coup d'État en décembre 1851. De plus, la « fièvre envahit [les] membres » des exilés « Qui se déchirent aux roseaux » (*idem.*). Or ces maux ne sont pas sans faire allusion à la souffrance des vaincus déportés dans les marécages

1. Dolf Oehler, *Le Spleen contre l'oubli : Baudelaire, Flaubert, Heine, Herzen*, Paris, Payot et Rivages, 1996.

2. Baudelaire, *Les Fleurs du Mal, Œuvres complètes,* t. I, éd. cit., p. 86.

3. Voir Ross Chambers, *Mélancolie et opposition. Les débuts du modernisme en France*, Paris, José Corti, 1987, p. 167-186.

insalubres de Cayenne[1]. Ce poème concluant la section des « Eaux-fortes » pour ouvrir celle des « Paysages tristes », il est tentant d'établir une continuité entre l'exil des « Grotesques » et celui du sujet poétique qui « promèn[e] [sa] plaie » (p. 55) entre « Soleils couchants » et « Le Rossignol ».

Si les *Fêtes galantes* semblent *a priori* peu propices à de telles suggestions oppositionnelles, on peut cependant se demander pourquoi Verlaine évoque une tristesse inéluctable au sein de cet univers *a priori* enjoué. Dans « L'Amour par terre », les « pensers mélancoliques » transforment ce cadre en « dolent tableau » (*Fg.*, p. 120). Et « Colloque sentimental » clôt le recueil sur une note résolument désillusionnée : « – L'espoir a fui, vaincu, vers le ciel noir » (*ibid.*, p. 122). La parole désenchantée rend ainsi compte d'un impossible consentement. À distance d'un monde particulièrement artificiel, elle invite le lecteur à la vigilance. Verlaine ne se contente pas de souscrire à la mode qui a conduit les Goncourt, Gautier, Banville ou Hugo à rendre hommage à Watteau au sein de fantaisies littéraires. Il évoque des êtres se mouvant dans un cadre surfait, agissant à travers des conventions maniérées, se nourrissant d'illusions. La superficialité de ce monde est sans cesse soulignée par les nombreuses références au théâtre. Les personnages « fardé[s] et peint[s] » (p. 100) de la *commedia dell'arte* et de la comédie française n'existent que par leurs « costumes clairs » (p. 101), leurs gestuelles, leurs mimiques et leurs paroles stéréotypées. Or, cette isotopie théâtrale occupe une place de choix dans le code allégorique républicain. Les héritiers de 1848 présentent volontiers le régime oppresseur comme une piètre comédie, comme une farce sinistre. Moins détaché de l'Histoire qu'il n'y paraît, ce cadre spatio-temporel de convention est donc susceptible d'être interprété comme une « métaphore de la société finissante du Second Empire »[2]. Si l'on rappelle que dans son sens classique, l'expression « fête galante » désigne, outre un lieu commun iconographique et littéraire, une véritable manifestation collective, il est tentant de rapprocher ces fêtes des fastes que le régime a mis en place depuis ses débuts pour canaliser les oppositions républicaines en « impérialisant les esprits et les décors »[3]. Or la mélancolie qui fait retour à certains endroits du recueil semble bien refléter une

1. Voir Steve Murphy, *Marges du premier Verlaine, op. cit.*, p. 88-90.
2. *OB1*, p. 15.
3. Voir Rémi Dalisson, *Les Trois couleurs, Marianne et l'Empereur. Fêtes libérales et politiques symboliques en France 1815-1870*, Paris, La Boutique de l'Histoire, 2004, p. 166.

distance critique par rapport à ce monde en faillite. D'ailleurs, Verlaine paraît suggérer lui-même cette piste interprétative lorsqu'il évoque des pièces « étrangement gracieuses sans conteste et raffinées, non fades, [...] avec une pointe de mélancolie quelque peu féroce » (*Pr.*, p. 766). Peut-être cet espoir qui « a fui, vaincu, vers le ciel noir » (*Fg.*, p. 122) propose-t-il dès lors une conclusion en forme de clin d'œil oblique aux vaincus républicains. Comme le note Olivier Bivort, c'est en tout cas un des tours de force de Verlaine que d'avoir exprimé les incertitudes et les malaises de la jeunesse de son temps à travers un cadre aussi léger et insouciant que pouvait l'être celui des *Fêtes galantes*[1].

Les *Romances sans paroles* déploient cette mélancolie oppositionnelle en sourdine. Le sujet poétique continue à chanter ses « espérances noyées » (*Rsp.*, p. 135) en manifestant de loin en loin son rapport à la société contemporaine. Les « Bons juifs-errants » (*Rsp.*, p. 136) des « Paysages belges » rencontrent ainsi la misère sociale après les charmants paysages de Walcourt. Dans « Charleroi », ils découvrent la Belgique ouvrière, dont les représentations légendaires ne cachent que fort incomplètement les réalités violentes[2]. Dans ce paysage où le noir et le rouge du charbon, de la fumée et du feu viennent symboliser la brutalité industrielle, le sujet interpelle la forge, cette nouvelle bête humaine dont l'haleine est constituée de « sueur humaine » (p. 137). Il manifeste une véritable sympathie pour la classe ouvrière qui se meut anonymement dans cet univers de pauvreté : « Plutôt des bouges/ Que des maisons » (*id.*). On voit alors le caractère problématique de cette conclusion de Jacques Borel, qui voudrait opposer un sujet verlainien replié sur l'examen autarcique de sa propre dissolution et un « je » baudelairien résolument ouvert sur le monde extérieur (*Pr.*, p. 1147). La voix qui traverse les *Poëmes saturniens*, les *Fêtes galantes* et les *Romances sans paroles* participe à sa manière d'une dynamique identificatoire qui la rapproche des vaincus et des captifs. Son atopie, sa désespérance chronique, inscrivent l'utopie politique au cœur même de la parole lyrique.

1. *OB1*, p. 19.
2. *Mu.*, p. 374-378.

4

Le goût de la forme : « rhythmes » et rimes

BERTRAND DEGOTT

Verlaine n'a cessé d'exprimer son intérêt pour la forme poétique. Lorsque, à la mort d'Hugo, il s'indigne de trouver dans sa poésie d'après *Châtiments* « monstrueuse improvisation, bouts-rimés pas variés, *ombre, sombre, ténèbres, funèbres*, facilité déplorable »[1], c'est pour la même raison qui le conduit à justifier l'impassibilité parnassienne comme « LE mot d'ordre en face du Débraillé à combattre »[2]. Il est de cette génération de poètes qui, lassée des élans romantiques, se sent le devoir de renouveler le lyrisme. Qui, déçue dans ses aspirations politiques, déplace ses préoccupations du plan social sur le plan esthétique, ou plutôt refuse de dissocier les deux plans[3]. Aussi Verlaine se fait-il des exigences formelles une garantie éthique. Si le poète, selon lui, doit en rabattre comme citoyen, il n'en reste pas moins digne pour autant, « le souci de cette dignité se manifestant dans, autant que possible, sinon la perfection de la forme, du moins l'effort invisible, insensible, mais effectif, vers cette haute et sévère qualité, j'allais dire : cette vertu... »[4].

On le voit s'intéresser à la versification de Baudelaire (1865), aux expériences prosodiques du poète Van Hasselt (1873)[5], polémiquer sur la rime dans les pages du *Décadent* (1888)[6], juger avec une grande lucidité l'« un peu déjà libre versification » de ses premiers recueils (1890)[7]. À la fin de sa vie, il se réclame volontiers de la tradition, traitant avec ironie les *nouveautés* des uns comme des autres : « Moi aussi, parbleu, je me suis amusé à faire des blagues, dans le temps ! [...] J'ai élargi la discipline du

1. « Lui toujours – Et assez », *Pr.*, p. 105.
2. « Stéphane Mallarmé », *Les Poètes maudits*, *Pr.*, p. 658.
3. À ce sujet, voir *supra* l'étude de Solenn Dupas : « Révolte et création ».
4. *Notes sur la poésie contemporaine*, *Pr.*, p. 891.
5. Lettre à Émile Blémont, 25 juin 1873, *Cg.*, p. 329-330.
6. *Un mot sur la rime*, *Pr.*, p. 696-701.
7. *Critique des* Poëmes saturniens, *Pr.*, p. 719-723.

vers, et cela est bon ; mais je ne l'ai pas supprimée ! Pour qu'il y ait vers, il faut qu'il y ait rythme. À présent, on fait des vers à mille pattes ! »[1] En même temps, il aimait apparaître aux yeux de ses contemporains comme « un raffiné, un " roublard " du rythme et de la rime » (*Pr.*, p. 941), se réjouissait qu'on vît en lui « le créateur subtil de rythmes, le rimeur rusé s'il en fut » (*id.*). Ce rapide parcours d'une vie éclaire rétrospectivement les recherches auxquelles se livre le premier Verlaine, ses engouements, ses choix. On en dessinera ici les grandes lignes.

LES MÈTRES

Tous les vers sont représentés dans notre corpus, depuis le 2-syllabes (2s) jusqu'au 12-syllabes (12s). Les vers jusqu'à 8 syllabes comptées sont dits *simples*. Au-delà, les vers sont dits *composés*, c'est-à-dire qu'« ils présentent le plus souvent des indices justifiant de les analyser en une séquence de deux nombres, dont aucun n'est supérieur à 8. »[2] Ainsi, le 12s correspond à une séquence 6-6, le 10s à une séquence 4-6, etc.

Les vers simples

Le *quadri-* ou *tétrasyllabe* est le plus court que Verlaine utilise en monométrie (ou isométrie). On peut voir dans la composition de « Walcourt » en quatre quatrains de tétrasyllabes la « nécessité d'affirmer un nombre inouï »[3] au sein des *Romances*. Parmi les « Paysages belges », « Walcourt » et « Charleroi » se trouvent, de la sorte, plus étroitement liés.

Souvent employé au XIXe par les chansonniers, le *pentasyllabe* assure dans la poésie littéraire « la fonction de " vers de chanson " »[4]. Il apparaît en monométrie chez Verlaine dans les quatrains de « Marine » et de l'ariette VIII, dans les quintils de « *A Poor Young Shepherd* », dans les sizains de « Bruxelles. Simples fresques, II », et dans « Soleils couchants ».

Verlaine n'utilise l'*hexasyllabe* qu'à trois reprises et tardivement. Comme ce mètre équivaut à la moitié d'un alexandrin, c'est « avant tout, au XIXe siècle,

1. Réponse à l'*Enquête sur l'évolution littéraire* (1891) de Jules Huret, *Pr.*, p. 1135.
2. Benoît de Cornulier, *Art poëtique*, Lyon, PUL, « IUFM », 1995, p. 44.
3. Christian Hervé, *http://perso.orange.fr/romances-sans-paroles/2metres.htm*, p. 4.
4. Jean-Michel Gouvard, *La Versification*, Paris, PUF, « Premier cycle », 1999, p. 102.

un mètre complémentaire, souvent associé avec l'alexandrin »[1] : c'est l'usage que Verlaine en fait dans « *Child Wife* ». La troisième ariette en fait un vers de chanson, contre l'usage littéraire dominant.

L'*heptasyllabe* est le mètre impair par excellence. En monométrie, Verlaine le réserve à des poèmes qui thématisent le musical : « La Chanson des ingénues », « Mandoline », « En sourdine ». « Bruxelles. Simples fresques, I », plus visuel, cherche l'harmonie par le flou descriptif.

L'*octosyllabe* est de loin le mètre simple le plus fréquent, chez Verlaine et en général : il contraste par sa légèreté avec l'alexandrin, le plus fréquent des mètres composés. En monométrie, on le trouve de manière significative[2] dans sept pièces consécutives des *Fêtes galantes*, depuis « Cortège » jusqu'au « Faune ».

Les vers composés

Absent de *Poëmes saturniens* et de *Fêtes galantes*, l'*ennéasyllabe* est le premier mètre à nécessiter une structuration interne. Celle-ci prend la forme 4-5 dans « Bruxelles. Chevaux de bois », et la forme 3-6, « très nettement associé[e] à la chanson »[3], dans la deuxième ariette.

Il faut de même distinguer entre ce qu'on appelle traditionnellement le *décasyllabe* et le *taratantara*. Le premier est césuré 4-6 alors que le second est un 5-5, partant plus proche de la chanson. Puisque le 10s recouvre « deux mètres radicalement hétérogènes, 4-6 et 5-5, qui [font] bande à part chez le premier Verlaine »[4], on peut souligner la rupture créée, entre « Crépuscule du soir mystique » et « Promenade sentimentale », par le passage du 4-6 au 5-5. Un contraste comparable clôt les « Paysages tristes », de « L'Heure du berger » au « Rossignol ».

L'*[h]endécasyllabe* est le mètre de l'ariette IV (première et seule occurrence du corpus). Verlaine le césure 5-6, à l'imitation de Banville ou de Marceline Desbordes-Valmore[5].

1. *Ibid.*, p. 104.
2. Voir *infra* mon étude de *Fêtes galantes*.
3. J.-M. Gouvard, *La Versification*, *op. cit.*, p. 143.
4. B. de Cornulier, « L'invention du " décasyllabe " », *in* J.-M. Gouvard et Steve Murphy (dir.), *Verlaine à la loupe*, Paris, Honoré Champion, 2000, p. 287.
5. Dans *Les Poètes maudits*, Verlaine signale chez Desbordes-Valmore « des rythmes inusités, celui de onze pieds entre autres » (*Pr.*, p. 674), mais la scansion 5-6, au demeurant traditionnelle, est celle que choisit Banville pour l'exemple forgé dans son *Petit Traité de poésie française* [1872], rééd. Paris, Charpentier, 1883, p. 15.

Verlaine prétend réserver l'*alexandrin* à des fins prosaïques plus que proprement lyriques. Dans sa *Critique des* Poëmes saturniens (*Pr.*, p. 719-723), il oppose aux autres mètres, impairs et rares en particulier, ce vers que la tradition classique fit épique, didactique ou dramatique. Il est donc significatif que l'alexandrin apparaisse peu en monométrie dans les recueils de 1869 et de 1874, davantage dédiés à explorer les possibles « harmoniques ou mélodiques ou analogues » (*ibid.*, p. 721).

Coupes et césures

Dès la préface de *Cromwell* (1827), Hugo cherchait pour le drame un vers « sachant briser à propos et déplacer la césure pour déguiser sa monotonie d'alexandrin ; plus ami de l'enjambement qui l'allonge que de l'inversion qui l'embrouille »[1]. L'analyse métrique montre que la génération post-romantique fait passer peu à peu dans la poésie lyrique les audaces d'abord réservées au théâtre. Les libertés de Verlaine n'ont pas échappé à ses contemporains. Ainsi, Anatole France stigmatise les acrobaties de *Poëmes saturniens* : « Le vers de M. Verlaine n'est pas souple, il est désarticulé, sa coupe ordinaire devient la grande exception tant l'auteur a de coupes nouvelles à sa disposition »[2]. Le poète lui-même, en 1890, reconnaît dans ses premiers poèmes « l'un peu déjà libre versification, enjambements et rejets dépendant plus généralement des deux césures avoisinantes » (*Pr.*, p. 720).

Pourtant, ces deux modalités complémentaires de l'alexandrin classique que sont la césure masculine et la césure avec élision ne sont jamais remises en cause par le premier Verlaine :

Ainsi que Çavitrî + faisons-nous impassibles, *c. masculine*
Mais, comme elle, dans l'âm(e) + ayons un haut dessein. *c. avec élision*
(p. 68)

À quoi correspondent alors les débordements notés, c'est ce qu'analyse distributionnelle à l'appui la méthode métrico-métrique a étudié. Pour simplifier, les 12s qui apparaissent déviants du temps de Verlaine sont « CP6 » ou « M6 »[3].

1. Victor Hugo, *Théâtre complet*, t. I, Paris, Gallimard, « Bibliothèque de la Pléiade », 1963, p. 441.
2. Olivier Bivort, *Verlaine*, Presses de l'Université Paris-Sorbonne, « Mémoire de la critique », 1997, p. 15.
3. Nous reprenons ici la terminologie de B. de Cornulier. Pour plus de précisions, on se reportera à ses travaux, ainsi qu'à *Critique du vers* (Paris, Honoré Champion, 2000) de J.-M. Gouvard.

Les alexandrins *CP6* sont ceux dont la 6ᵉ position est occupée par un clitique (C) – pronom antéposé ou déterminant – et/ou par une préposition monovocalique (P) :

(1) Et les prés verts, et *les* + gazons silencieux (p. 66) C6
(2) Interceptés ! – et *nous* + aimions ce jeu de dupes (p. 103) C6
(3) Par Marc-Antoine et *par* + César que vous par moi (p. 116) P6
(4) Toujours plus som/br*e* *des* + hauts chê/n*es*, obsesseur (p. 76) CP6

Le plus souvent, ce type de 12s admet une « mesure d'accompagnement »[1], ou ternaire (4-4-4) – c'est le cas des exemples 1 à 4 ci-dessus – ou semi-ternaire (4-8 ou plus rarement 8-4) :

(5) L'ombre des ar/br*es*, dans + la rivière embrumée (p. 135) 4-8
(6) Elle pass*e*, sous les + ramu/r*es* assombries (p. 100) 8-4

Ces scansions d'accompagnement sont d'autant plus intéressantes à étudier que les positions post-toniques sont féminines (F), c'est-à-dire occupées par un *e* non élidé (exemples 4 à 6). En effet, ce phénomène se produit rarement après la césure et jamais comme on l'a dit chez le premier Verlaine[2]. De telles coupes en l'assouplissant distingueront le vers symboliste du rythme franc des Parnassiens.

Dans notre corpus, le seul alexandrin *M6* – c'est-à-dire dont la césure coupe un morphème (M) avant sa dernière voyelle accentuée – est celui que Rimbaud cite dans une lettre d'août 1870 parmi « de très fortes licences »[3] : « Et la tigresse épou+vantable d'Hyrcanie » (*Fg.*, p. 102). La déviance tient à ce que le mot *épouvantable*, à cheval sur la césure, impose une scansion 4-4-4. On peut envisager un *continuum* décroissant dans l'importance des licences, selon que la césure redouble le trait d'union d'un mot composé, « La Colombe, le Saint-/+Esprit, le saint Délire » (*Ps.*, p. 93), scinde une locution toute faite « Tout en disant à voix + basse son chapelet » (*ibid.*, p. 62) ou simplement porte atteinte à la cohésion du groupe nominal : « De tonnerres, de flots + heurtés, de moissons mûres » (p. 35), « Parfois luisaient des bas + de jambes, trop souvent » (*Fg.*, p. 103).

1. « Lorsque, dans un poème, des vers d'une forme X sont parfois remplacés par des vers d'une forme Y comme si la forme Y était équivalente à la forme X, la forme X peut être dite *fondamentale*, et la forme Y, *d'accompagnement*. » (B. de Cornulier, *Art poëtique*, *op. cit.*, p. 261).

2. Ces alexandrins F7, à césure enjambante ou contre-lyrique, sont fréquents dans les années 1890 : « Un peu rose, telle u+n*e* femme de luxure » (*Po.*, p. 982)

3. Rimbaud, *Œuvres complètes*, éd. A. Adam, Paris, Gallimard, « Bibliothèque de la Pléiade », 1972, p. 240.

L'analyse du 10s conduit aux mêmes remarques. Certains 10s sont *CP4* dans un contexte de 4-6s et *CP5* dans un contexte de 5-5s. Parmi les exemples suivants, (1a) peut être scandé 6-4, (2a) 4-6 et (2b) 6-4, ces scansions devenant scansions d'accompagnement dans leur contexte respectif :

(1a) Mêle dans *une* + immen/se pâmoison (p. 54)	*C4*	6-4
(1b) Votre âme est *un* + paysage choisi (p. 97)	*C4*	
(2a) Le bruit du vent/ *de* + la nuit dans un arbre (p. 83)	*P5*	4-6
(2b) Vous qui fûtes *ma* + Be/lle, ma Chérie (p. 145)	*C5*	6-4

On trouve également un *M4* parmi les 4-6 de « Crépuscule du soir mystique » et un *M5* parmi les 5-5 du « Rossignol » :

(1c) Parmi la ma+ladive exhalaison (p. 54)	*M4*	6-4
(2c) Qui mélancoli+quement coule auprès (p. 60)	*M5*	

Dans (1c), la scansion d'accompagnement en 6-4 s'impose d'autant qu'elle convient aussi au vers suivant (« De parfums lourds et chauds, + dont le poison »). Dans (2c), tout en respectant la morphologie de l'adverbe, la coupe fait le lien avec le v. 17 du poème pour mettre en valeur une notion chère à Verlaine : « Nuit mélancoli+qu(e) et lourde d'été ».

Si nous n'avons guère parlé de discordance externe, c'est qu'il existe un rapport évident entre les positions 6 et 12 de l'alexandrin ou 4 et 10 du décasyllabe. Plus généralement, l'unité linguistique à la césure apparaît aussi à la rime, quoique en moindre fréquence. L'article *la* est ici à la césure (*Ps.*, p. 37, v. 1), là à la rime (p. 58, v. 18). Depuis la rime de « Colombine », l'indéfini *quels* vient à la coupe de « *Birds in the Night* » : « Ô quels baisers, *quels* + enlacements fous ! » (*Rsp.*, p. 146), mimant là l'inquiétude, ici l'émotion. Ainsi les perturbations métriques, surtout lorsqu'elles se concentrent, miment-elles d'autres dérèglements : cette Force, par exemple, qu'autrefois le poète dominait, et qui est aujourd'hui prête « À tout carnage, à *tout* + dévastement, à *tout*/Égorgement » (*Ps.*, p. 36).

Pourquoi Verlaine lui-même se plaît-il dès 1865 à signaler chez Baudelaire « césures étonnantes » et « rejet[s] d'une strophe à l'autre »[1] ? Pour la variété retrouvée bien sûr, mais aussi parce que ces « jeux d'artistes »

1. *Charles Baudelaire*, *Pr.*, p. 607 et 610.

(*ibid.*, p. 611), témoignent d'un plaisir de lire et d'écrire, quand ce n'est pas de « contrarier un peu le lecteur, chose toujours voluptueuse » (p. 612).

LA RIME

On connaît le radicalisme de Banville : « Sans consonne d'appui, pas de Rime et, par conséquent, pas de poésie »[1]. Son souci de la consonne d'appui (celle qui précède la voyelle à la rime) est partagé par beaucoup de Parnassiens, sur ce point fidèles à Hugo, mais aussi fonde sa poétique. Dans ses *Odes funambulesques* (1857), il avait voulu « imaginer une nouvelle langue comique versifiée, appropriée à nos mœurs [...], et qui procéderait du génie de la versification française en cherchant dans la rime elle-même ses principaux moyens comiques »[2].

Parmi les rimes funambulesques de Verlaine, on peut schématiquement distinguer trois types. Nombreuses sont celles qui jouent sur un nom propre : *Rama :: padma* (*Ps.*, p. 35), *papale :: Sardanapale* (*ibid.*, p. 38), *troubadour :: Adour* (p. 78), *Tibulle :: vestibule* (p. 84), *combine :: Colombine* (*Fg.*, p. 98), *Églé :: déréglé* (*ibid.*, p. 111), *Aminte :: mainte*, *Clitandre :: tendre* (p. 113). D'autres affichent un prosaïsme parfois en rupture avec la tonalité : *maroufles :: pantoufles* (*Ps.*, p. 66), *moustache :: détache* (*ibid.*, p. 84), *confitures :: courbatures* (*Fg.*, p. 110), *tremblote :: pilote :: culotte*, *gratte :: ingrate :: scélérate* (*ibid.*, p. 111), *puce :: capuce* (p. 118). Un dernier type confine au calembour (équivoque ou bilinguisme) : *des astres :: désastres* (*Ps.*, p. 33, *Fg.*, p. 119), *doux air ::* Tannhauser (*Ps.*, p. 56), *il les a :: coryza* (*ibid.*, p. 66), *complaisants :: seize ans* (p. 93), *homme ::* vobiscum ! (*Rsp.*, p. 130), *Kate :: délicate* (*ibid.*, p. 153). L'effet produit est chaque fois de nature comique, voire burlesque.

Mais la posture de Verlaine est plus hautaine que celle de Banville, ses positions plus nuancées : « jamais las/ De la rime non attrapée » (p. 131), il voue sa recherche aux « rimes plutôt rares que riches » (*Pr.*, p. 720). La rime chez lui n'est jamais tenue pour acquise, plutôt saisie dans une tension entre l'ouï et l'écrit[3]. Aussi fait-il usage de ces rimes pour l'œil

1. *Petit traité...*, *op. cit.*, p. 56-57.
2. Banville, avertissement à la 2e édition des *Odes funambulesques*, 1859.
3. C'est au moins ce qui ressort de son article de mars 1888, « Un mot sur la rime » (*Pr.*, p. 696-701).

qu'on trouve chez Hugo mais que Banville blâme[1] : *Phidias :: becs de gaz* (*Ps.*, p. 46), *brunit :: zénith :: granit* (*ibid.*, p. 85), *los :: Carlos :: l'os* (p. 89), *sens :: sans* (*Fg.*, p. 107), *Tircis :: assis* (*ibid.*, p. 117), *fous :: tous* (*Rsp.*, p. 146). Ses licences proprement dites sont si rares qu'on peut les interpréter comme ironiques : *prées :: vesprées* (*Ps.*, p. 63), *brocart :: avec art :: trois quart* (*ibid.*, p. 86), *bosse :: Los* (*Rsp.*, p. 131).

Si l'alternance intrastrophique est déjà recommandée par Malherbe, l'alternance interstrophique ne se met en place qu'au XVIIIe siècle[2]. Or Verlaine enfreint celle-ci dans « Çavitrî », tout en parodiant le credo parnassien : comme Çavitrî « trois jours entiers, trois nuits entières » (*Ps.*, p. 68), les trois quatrains reproduisent impassibles la formule MFFM. Les premiers à enfreindre l'alternance intrastrophique sont Baudelaire et Banville. Celui-ci écrit d'ailleurs que « l'emploi facultatif des rimes masculines et féminines fourni[t] au poète de génie mille moyens d'effets délicats, toujours variés, inattendus, inépuisables »[3]. Verlaine ne s'en prive pas. Nombreux sont ses poèmes en masculines, tel « *Child Wife* » qui affirme les caractères mâles pour une satire très misogyne. D'autres sont tout en féminines, plus musicales que rythmiques, tel « Mandoline ». Les deux parties de « Bruxelles. Simples fresques » s'opposent par le genre. Dans « L'Amour par terre », le système de strophe à genre uniforme préfigure la séparation. La même disjonction dans « Bruxelles. Chevaux de bois » donne une nouvelle image de couple dans le tourbillon. D'ailleurs, la fiction est rejointe par la réalité : les « douzains » de « *Birds in the Night* » reprennent le même système pour renier *La Bonne Chanson*. Si le recueil de 1870, dédié à Mathilde, alterne (presque[4]) sans faillir, ne doit-on pas chercher, ailleurs, à interpréter les infractions dans le sens des tensions verlainiennes ?

Dans l'ariette VI, le jeu se complique encore, chaque rime mettant en écho deux mots de sexe différent (*obscure :: mur*, *frou-frou :: loue*, etc.). Dans des quatrains dits croisés (abab), Verlaine applique contradictoirement l'alternance propre aux quatrains embrassés (FMMF MFFM...), hormis pour la dernière strophe où il conduit la rime jusqu'à l'assonance

1. Voir *Petit traité...*, *op. cit.*, p. 78-79.
2. Selon J.- M. Gouvard, *La Versification*, *op. cit.*, p. 289-290.
3. *Petit traité...*, *op. cit.*, p. 100.
4. À « La lune blanche... » (*Po.*, p. 145), seule exception !, manque l'alternance interstrophique. Mais c'est aussi la première occurrence chez Verlaine de 4s en monométrie.

arrive :: naïf. Il est donc inexact de dire que Verlaine inaugure la rime phonique. C'est en fait au prix d'une manipulation de type phonographique que, tout en feignant de récuser les principes classiques de genre et d'alternance, le poète les confirme, en révèle les potentialités comme les limites. Le résultat répond à un procédé phonographique comparable à ce que Toulet fera sur le plan métrique dans ses *Contrerimes* (1921)[1]. « La rime " non attrapée " de l'Ariette VI, écrit Christian Hervé, reste dans la rime comme la faute dans la grammaire. Elle conforte même le système en en dévoilant les règles, elle l'avoue en s'avouant fautive. »[2] C'est très justement resituer le propos de cette ariette, où il s'agit bien pour François-les-bas-bleus, *alias* le poète, d'attraper la rime. « C'est le chien de Jean de Nivelle, il s'enfuit quand on l'appelle », dit le proverbe, ou la chanson, dont Verlaine tire son premier vers. Or, dans le chapitre qu'il consacre à la rime, Banville cite pour les opposer Hugo et Boileau : tandis que la rime taraude celui-là, « avec Boileau, écrit-il, c'était autre chose. Elle faisait comme le chien de Jean de Nivelle et s'enfuyait comme si elle avait eu le feu à ses cottes. »[3]

Revenons alors à la dernière strophe. Non seulement *arrive* et *naïf* ne font pas qu'assoner, puisque l'opposition /f/-/v/ est une opposition phonologique (*non voisé* vs *voisé*), mais chacun trouve encore sa rime phonique à la 5ᵉ position du 8s : « Voici que la nu*it v*raie arri*ve*/ D'être inattent*if* et na*ïf* » (*Rsp.*, p. 131). C'est dans le vers même que Verlaine cherche des compensations à la rime traditionnelle ; il libère la métrique par la prosodie. On est frappé dès *Poëmes saturniens* par la richesse des paronomases comme « Somptuosité persane et papale,/ Héliogabale et Sardanapale » (*Ps.*, p. 38). Rien d'étonnant que Verlaine associe à son usage de la rime les « fréquentes allitérations, quelque chose comme de l'assonance souvent dans le corps du vers » (*Pr.*, p. 720). C'est une seule et même chose que de feutrer la rime là où les Parnassiens la veulent sonore et de disperser la matière sonore à l'intérieur du vers. La rime n'est qu'une des nombreuses répétitions qui font chez Verlaine le rythme entendu au sens large.

1. La *contrerime* utilise un quatrain polymétrique dont le mètre (8-6-8-6) contredit la rime (abba).

2. C. Hervé, *http://perso.orange.fr/romances-sans-paroles/7.rimeA.htm*, p. 16.

3. *Petit traité…*, *op. cit.*, p. 55. La première édition du *Petit Traité* est bien de 1872, et la date « Mai, Juin 1872 » qui suit l'ariette IX est généralement jugée trop restrictive pour la composition de l'ensemble (voir sur ce point, Jacques Robichez, *Op.*, p. 133-135) : rien n'interdit donc mais rien ne confirme non plus le rapprochement.

STROPHES ET FORMES POÉTIQUES

Strophes classiques

Le *distique* (aa) est la strophe minimale. Il est aussi des plus prosaïques lorsqu'il va de pair avec l'alexandrin et que les distiques s'enchaînent sans blanc typographique. Mis en valeur par la typographie et libéré de l'alexandrin, il devient la strophe lyrique de « Colloque sentimental » et de la septième ariette, qui se répondent de recueil à recueil.

Le *quatrain* repose sur la répétition du module[1] (ab). C'est de loin la strophe la plus utilisée par Verlaine. La forme dite « croisée » (ab ab) et la forme dite « embrassée » (ab ba), généralement distinguées, sont pourtant mélangées par Verlaine dans l'ariette VIII, dans « Bruxelles. Simples fresques, I » et moins évidemment dans « *Birds in the Night* », dont le second « douzain » commence par un quatrain (ab ba) alors que toute la pièce est en quatrains (ab ab) : quoique l'on puisse tenir les deux formes pour variantes[2], rien n'empêche dans ce dernier cas de relier la forme (ab ba) au péremptoire « Et vous voyez bien que j'avais raison » (*Rsp.*, p. 144).

Cette strophe sert souvent en polymétrie. On distinguera alors les pièces où le mètre complémentaire assure un rôle tantôt de clausule (« Nuit du Walpurgis classique »), tantôt contrastif (« Croquis parisien »), le plus souvent les deux (« Sérénade », « *Child Wife* »). Le contraste est cependant d'autant plus net que le mètre simple n'est pas compris dans le mètre composé. Ainsi, la très baudelairienne « Sérénade », où le 5s contraste avec le 4-6s, mélange « douceur » et martyre tout en revendiquant la dissonance d'une « voix aigre et fausse », l'ambiguïté d'une « chanson cruelle et câline » (*Ps.*, p. 71 et 72). Dans « Croquis parisien », le 5s complémentaire alterne avec le 5-5s dominant. La rime *zinc :: cinq* dans Q1 semble faire de cette mesure impaire, en accord avec la strophe masculine, un équivalent de la technique de l'eau-forte, d'autant qu'elle revient en monométrie trois pages plus loin dans « Marine ». Enfin, le cas de « Dans la grotte » est singulier, puisque c'est le mètre composé, l'alexandrin, qui est le mètre complémentaire, mélangé avec le léger et badin octosyllabe : inversion et décalage servent ici le registre héroï-comique.

1. Le module est le « constituant strophique de niveau supérieur au vers » (B. de Cornulier, *Art poëtique, op. cit.*, p. 262).

2. Voir B. de Cornulier, *Art poëtique, op. cit.*, p. 136.

Le *sizain* classique (S) est de forme (aab ccb), c'est-à-dire repose sur la répétition du module (aab). « Bruxelles. Simples fresques, II » et « *Streets*, II » présentent ce sizain monométrique. Le sizain de « Chanson d'automne » utilise deux mètres successifs, le 4s dominant et le 3s complémentaire. La rime du 4s étant masculine, le module (aab) est pensé syntaxiquement comme un 11s : le seul vers en rejet est « Deçà, delà » au début du second module de S3. De la même manière, le sizain de « Colombine », qui utilise le 5s comme vers dominant et le 2s comme vers complémentaire est un 12s syntaxique : cette ode à la Ronsard vient d'Hugo[1] ou de Banville[2].

Autres strophes

En tant que strophe autonome, le *tercet*[3] ne peut être que monorime (aaa). On trouve cette strophe dans « En bateau » et dans « *Streets*, I » dont le titre est quasi l'anagramme de *tercet*. C'est « une des plus anciennes formes de la chanson à danser », écrit Henri Chatelain[4], ce qui convient parfaitement à « *Streets*, I » où elle alterne avec un refrain, alors que les tercets 2 et 3 d'« En bateau », du fait de la discordance mètre-syntaxe, y résistent davantage.

Le *quintil* apparaît sous différentes formes, (ababb) dans « *Initium* », (abbaa) dans « *Nevermore*, II », (abaab) dans « Malines ». « *A Poor Young Shepherd* » est plus complexe. Pour ses strophes 1 et 5, le schéma du quintil (abbaa) est déjà celui de « *Nevermore*, II » alors que les strophes intermédiaires se distinguent par une reprise incomplète du premier vers et par un schéma de quintil symétrique (ababa). Poème, strophe et mètre reposent sur le chiffre 5 – cinq quintils de pentasyllabes – et le poème comme la strophe sur un système de reprises : on voit à quel point cette chanson de Saint Valentin lie sa structure d'ensemble à celle du quintil.

1. « La Chanson du fou », en épigraphe de la ballade dixième (*Odes et ballades*, *Œuvres poétiques*, éd. P. Albouy, Paris, Gallimard, « Bibliothèque de la Pléiade », t. I, 1964, p. 521), est chantée par Elespuru au début du quatrième acte de *Cromwell* (*Théâtre complet*, Paris, Gallimard, « Bibliothèque de la Pléiade », t. I, 1963, p. 759).

2. « À Arsène Houssaye », *Odelettes* (1856). Ce poème, ainsi que toute l'œuvre lyrique de Banville, est lisible sur *http://www.mta.ca/banville/*.

3. Voir Jean-Louis Aroui, « Les tercets verlainiens », in *Verlaine à la loupe, op. cit.*, p. 225-242.

4. Henri Chatelain, cité par J.-L. Aroui, art. cit., p. 226. Charles Cros l'utilise à deux reprises pour ses « Chansons perpétuelles » du *Coffret de santal*.

Strophe graphique et strophe métrique

Avec Verlaine, il convient de distinguer ce qui est (typo)graphique de ce qui est métrique. Ainsi, « Soleils couchants » contient deux huitains métriques (mais non graphiques) de forme (abab abab), puis (abab abba), comme le montrent, non seulement le changement de couleurs des rimes, mais aussi le point du vers 8. Avec ses deux quatrains graphiques, « Le Faune » tout d'une phrase est un huitain métrique, qui reproduit quatre fois le module (ab). Inversement, les six distiques graphiques de « Spleen » constituent trois quatrains (ab ab). De même, cinq pièces en tercets cachent des sizains métriques[1] : « Un dahlia », « Pantomime », « Fantoches », « Cythère » et « Les Indolents » ; notons cependant que les sizains métriques d'« Un dahlia » et de « Cythère » sont irréguliers car non périodiques. Quant à « Cythère », non seulement ses tercets ne sont séparés que par un point-virgule, mais la rime d'attente[2] *-mis* accroît leur cohésion : le poème peut donc être considéré comme un douzain métrique (aab ccb bdd bee).

Inversement, l'absence de rime d'attente remet en cause la métricité des strophes à rimes suivies[3]. On peut sur cette base rapprocher le quintil (aaa bb) de « Cauchemar » du quatrain (aa bb) d'« À Clymène ». En faveur de la métricité de la strophe, on peut cependant arguer du 4s qui en assure la clausule, complémentaire respectivement du 7s et du 6s. Dans l'ariette IX, le quatrain polymétrique (aa bb) s'apparente à la contrerime.

La terza rima *(ou tierce rime)*

Cette forme enchaîne un nombre non défini de tercets (aba) et finit sur un monostique. Verlaine emploie la tierce rime « pendant deux périodes de sa vie : de 1861 à 1875, puis de 1891 à 1895 »[4]. « C'est un de nos plus beaux rhythmes, écrit Banville, et qui se prête à la fois au chant

1. À nouveau, Verlaine suit Hugo plutôt que Banville qui blâme son procédé (*Petit Traité…*, *op. cit.*, p. 174-175).

2. On peut appeler rime d'attente « une fin de vers qui ne trouve son équivalent que dans l'autre module » (J.-M. Gouvard, *La Versification*, *op. cit.*, p. 196). Par exemple, dans le quatrain qui répète le module (ab), il y a deux rimes d'attente. Dans le sizain (aab ccb) qui répète le module (aab), la rime b est la rime d'attente.

3. En toute logique, elle devrait donc aussi remettre en cause la métricité des strophes monorimes (distique [aa], tercet [aaa], etc.), sauf à considérer que dans ces strophes (a) est à la fois vers et module.

4. J.-L. Aroui, « Les tercets verlainiens », art. cit., p. 234.

et au récit »[1]. Le choix de l'alexandrin pour « La Mort de Philippe II » découle de l'inspiration épique que Verlaine y parodie. Les deux autres pièces, sinon chantantes du moins plus familières, sont en octosyllabes : « *Sub urbe* » et « Les Coquillages ». Dans cette dernière, la forme de la *terza rima* est clairement chevillée au sens, de l'entrelacement des tercets jusqu'au vers de chute.

Le sonnet

Pour André Gendre[2], les deux formes régulières sont la forme marotique/italienne (abba abba ccd eed) et la forme française (abba abba ccd ede). Plus prescriptif, Théodore de Banville n'estimait régulier que le sonnet français, tout en reconnaissant sur la base des *Fleurs du Mal* que « le Sonnet irrégulier a produit des chefs-d'œuvre »[3]. Tous les sonnets de notre corpus se trouvent dans *Poëmes saturniens*, à raison des huit qui constituent la partie « *Melancholia* », et de trois dans « Caprices ». Cinq adoptent la forme française « Après trois ans », « Vœu », « Mon rêve familier », « L'Angoisse », « Une grande dame » ; le seul sonnet marotique est « Monsieur Prudhomme ». Comme il s'agit d'une forme semi-fixe, la notion de sonnet régulier n'a d'intérêt qu'en tant qu'elle permet d'évaluer les libertinages.

« Résignation » d'entrée renverse la forme italienne. Ici, comme pour les autres sonnets inversés des *Œuvres poétiques complètes*[4], on peut considérer que l'inversion formelle figure l'inversion sexuelle. De manière plus évidente, pour un poème dont le titre est ironique, c'est l'inversion sémantique qui est ainsi figurée. « *Nevermore*, I » est irrégulier du fait de ses quatrains monorimes (aaaa) qui miment la persistance obsessionnelle du souvenir. C'est en outre de tous ces sonnets celui dont la structure sémantico-syntaxique est le plus décalée par rapport à la structure strophique. Quant à « Lassitude », la disposition des rimes dans les quatrains est « contrariée »[5] (abba baab) et l'on peut voir dans la non-

1. *Petit traité…*, *op. cit.*, p. 172.
2. *Évolution du sonnet français*, Paris, PUF, « Perspectives littéraires », 1996.
3. *Petit traité*, *op. cit.*, p. 198.
4. « Le Bon Disciple », « Parfums, couleurs, systèmes, lois… » et « Sappho » (*Po.*, p. 215, 281 et 489). On trouve déjà un sonnet inversé dans *Les Fleurs du Mal*, il s'agit de « Bien loin d'ici ». Paru une première fois dans la *Revue nouvelle* en 1864, le texte est republié dans le premier *Parnasse contemporain* fin mars 1866. Le sonnet inversé remonte à Auguste Brizeux.
5. L'expression est de Banville (*Petit Traité…*, *op. cit.*, p. 199).

superposabilité des quatrains un facteur d'irrégularité. « À une femme » est irrégulier quant au sizain qui inverse le sizain marotique. « Femme et chatte » enfin croise les rimes des quatrains.

Rimes mêlées, rondeau, triolet...

On a vu dans « L'Allée » un « sonnet masqué » (Bornecque) ou « artificieusement truqué » (Martino). Si l'on considère la disposition des rimes, ici en accord avec la syntaxe et le sens, on voit qu'elles dessinent un sonnet inversé. Sonnet certes irrégulier : sizain sur deux rimes, quatrains non superposables. Pour Alain Chevrier, dont la proposition semble plus recevable, il s'agit de « rimes mêlées » monométriques, comparables à celles dont joue la polymétrie des *Fables*[1]. « Soleils couchants », « Crépuscule du soir mystique » et « Le Faune », où la birimie se prolonge, seraient aussi des rimes mêlées. « La birimie, ajoute-t-il, est une tendance du mélange des rimes [...] à des fins humoristiques ou au contraire musicales. Les deux intentions se combinent chez Verlaine. » Pour les deux pièces des *Poëmes saturniens*, il note toutefois que l'originalité de Verlaine tient aux reprises de rimes, de vers ou de segments de vers.

Les quatrains de l'ariette III sont (abaa), où b est une rime « orpheline » ; ils s'apparentent au quatrain que Benoît de Cornulier nomme *rabé-ara,* « où c'est le vers 4 qui répète le vers 1, comme dans le quatrain initial d'un triolet »[2]. Arnaud Bernadet de son côté rapproche le neuvain de « Marco » de la forme rondeau[3]. Il faut toutefois signaler que la formule répétée dans le rondeau, ce qu'on appelle le « rentrement », n'est pas un vers à part entière puisqu'il n'a pas de rime. Ici, en devenant le 5s de clausule, le premier hémistiche de la strophe en 5-5 programme aussi la rime finale. Du moins ces analyses montrent-elles que, avec son goût pour la ritournelle, Verlaine côtoie les formes à refrain, même s'il ne s'y plie pas dans ses recueils comme il fait dans ses marges avec le triolet, ou comme il fera plus tard avec la ballade[4].

1. Alain Chevrier, « *L'Allée* n'est pas un sonnet : réfutation d'une hypothèse », *Rv.*, n° 9, 2004, p. 124-133.

2. *Art poëtique*, *op. cit.*, p. 266.

3. Arnaud Bernadet, *Fêtes galantes, Romances sans paroles* précédé de *Poèmes saturniens*, Gallimard, « Foliothèque », 2007, p. 111.

4. Pour un triolet contemporain des *Fêtes galantes*, voir « L'Oncle Tom avec Miss Ada... » [1867] (*Po.*, p. 126). Concernant les ballades, on se reportera à Bertrand Degott, « Verlaine et la ballade », *Rv.*, n° 10 (sous presse).

DEUXIÈME PARTIE

Recueils et manières

Essais de lecture

1

Poëmes saturniens : *Verlaine* *entre répétition et invention*

HENRI SCEPI

Verlaine avait conçu un premier projet poétique, duquel aurait dû résulter un recueil de poèmes, revêtu du titre très parnassien de *Poëmes et sonnets*. Les *Poëmes saturniens* – déviation, refondation ou négation de l'idée initiale – réorientent la visée et posent *in limine* une continuité. Par ce titre, en effet, Verlaine avoue une filiation. Il inscrit son recueil dans la ligne de l'héritage baudelairien et de la mélancolie postromantique dont il est porteur. L'« Épigraphe pour un livre condamné », qui avait été insérée dans *Le Parnasse contemporain* du 28 mars 1866, qualifiait *Les Fleurs du Mal* de « livre saturnien,/ Orgiaque et mélancolique ». En reprenant un des termes clés de cette trinité de la malédiction, Verlaine circonscrit un domaine dans lequel il s'inclut. Cependant, le recueil de 1866 n'est pas, au sens strict, un hommage à Baudelaire ; s'il exploite un répertoire de thèmes et d'accents rigoureusement situés, il ouvre également un espace d'énonciation critique, où la poésie se met en jeu et en question selon un ensemble de médiations rhétoriques et de tensions idéologiques susceptibles d'informer la démarche créatrice du jeune Verlaine.

Car tel est bien l'autre versant du titre *Poëmes saturniens* : en soulignant son affiliation étroite à la sphère de la mélancolie moderne, il met également en lumière les enjeux et les valeurs du poème, conçu comme élaboration formelle, mode spécifique du dire, foyer d'énonciation lyrique. Par sa nature rhématique, le titre invite ainsi à explorer en profondeur un appareil poétique dont les constituants majeurs ne manquent pas d'être désignés et parfois même thématisés.

Sur une toile de fond métapoétique, le recueil s'ordonne dès lors en une série de reprises et de variations : il installe un système d'échos à la fois inter- et intratextuels, qui favorisent une circulation et un montage de motifs voués à faire sens. La tonalité élégiaque, propre à un « moi » exilé, en deuil d'un idéal tant esthétique, politique que sentimental, s'accommode d'un lyrisme distancié, polyphonique et ironique, par lequel cependant se joue l'acte entier d'une vocation poétique naissante.

ÉLÉMENTS STRUCTURELS : ÉCHOS ET VARIATIONS

La plupart des commentateurs ont souligné le caractère composite des *Poëmes saturniens*, jugeant que le recueil ne présentait guère d'organisation concertée, ou du moins de principe unificateur[1]. Il est vrai que l'ouvrage rassemble des poèmes dont la composition a été chronologiquement espacée et dont la facture aussi bien que le contenu obéissent à des foyers d'inspiration variés – qui pour certains remontent à cette « naïveté parfois écolière » (*Pr.*, p. 719) avouée par Verlaine. Mais une telle diversité n'interdit pas l'agencement de pièces qui, du fait même de leur contiguïté ou de leur place respective dans la trame du livre, isolent, à défaut d'une structure nettement identifiable, des lieux de croisement, des lisières conjonctives, ou bien des contrastes et des oppositions – bref tout un tissu de résonances ou de dissonances internes dans lequel il est loisible de cerner la visée globale de la poétique verlainienne. Autrement dit, il importe d'aborder les problèmes structurels posés par le recueil, non pas exclusivement en termes d'inexpérience ou de défaillance, mais bien sous l'angle d'une « recherche volontaire de l'impersonnel », accompagnée de « passionnantes contradictions »[2].

Le sillage baudelairien

Le recueil est environné d'un dispositif péritextuel très élaboré : un texte préfaciel et un prologue d'une part ; d'autre part, un épilogue comportant trois parties numérotées. Cet ensemble, dont le modèle semble fourni par la *Philoméla* de Mendès, forme ce qu'on pourrait appeler l'encadrement métadiscursif de l'ouvrage ; il dessine une bordure qui assure le lien pragmatique entre l'univers intrinsèque du livre de poésie et le monde qui lui est extérieur ; il projette également – par

1. Voir sur ce point les analyses de Steve Murphy, « Éléments pour l'étude des *Poëmes saturniens* », *Rv.*, 3-4, 1996, p. 222 *ssq*.
2. Murphy, art. cit., p. 222.

anticipation ou par rétrospection – des principes esthétiques et des valeurs rhéto-poétiques qui sont censés se déployer dans l'espace symbolique du recueil.

Le poème préfaciel occupe une place à part ; il est imprimé en caractères italiques et porte en guise de signature les initiales du poète. C'est un texte dont le statut auctorial est manifeste. Sa fonction explicite est de gloser le programme du titre et de légitimer du même coup l'appartenance de la poésie verlainienne à la lignée saturnienne – mais c'est aussi une autre façon de rattacher le recueil, dès son entame, au legs baudelairien. Caractérisé par un ton didactique et relativement détaché, le poème s'adosse à l'antique sagesse et aux leçons des « grimoires anciens » pour expliquer l'« Influence maligne » (*Ps.*, p. 33) qui assujettit l'individu à l'ordre inflexible d'une fatalité. Si Verlaine privilégie ici l'interprétation astrale de la mélancolie, il n'en demeure pas moins qu'il valide, sous les auspices d'un savoir qui se veut irréfutable, la condition de maudits à laquelle Saturne voue ses enfants. Hors-texte justificatif, ayant valeur de propos déclaratif, cette pièce liminaire jette les lueurs obliques de la « fauve planète » sur les poèmes du recueil. Non seulement, elle prépare efficacement la lecture des sections « *Melancholia* » et « Paysages tristes », mais de plus elle rencontre dans les « Grotesques » de la suite des « Eaux-fortes » un écho que prolonge le portrait des saturniens, gueux « funestes et maudits », portant haut cependant leur « orgueilleuse mélancolie » (*ibid.*, p. 52).

Ouverture parnassienne : un rituel obligé

Ce texte préfaciel possède une indéniable portée pragmatique dont résultent d'immédiates conduites de lecture et stratégies d'interprétation, ainsi que le « Prologue » permet d'emblée de le vérifier. Ce long poème de 102 vers est en quelque sorte le deuxième seuil du recueil. Contrairement à la préface, il offre un cadre d'intelligibilité générale articulé sur une lecture historique du déclin de la poésie conçue comme une parole inspirée et inspiratrice ancrée au cœur de la cité. La visée est bien plus large, qui dépasse la problématique restreinte de la mélancolie tout en l'englobant. Mais à l'image du poème liminaire, le prologue est composé d'alexandrins, mètres qui, selon Verlaine, se prêtent idéalement « aux limpides spéculations » et à « l'exposition rationnelle des objets » (*Pr.*, p. 721). De même qu'il s'agissait d'expliquer la mélancolie, de même il importe d'exposer un certain nombre de propositions relatives au destin de la poésie. Le propos est informatif autant que spéculatif. L'attention doit se porter sur les moyens rhétoriques de l'exposition, qui combine les ressorts de la narration avec les techniques les plus éprouvées de l'amplification oratoire. Un vaste champ s'ouvre ainsi à la pensée : des « temps fabuleux » (*Ps.*, p. 35) à l'ère héroïque chrétienne s'esquisse une fresque qui consacre *in fine* le divorce irréparable de l'action politique et de la célébration poétique. L'argumentation s'alimente à la source parnassienne, notamment chez Leconte de Lisle, comme l'a bien montré Georges Zayed[1]. Elle couronne cette rupture qui marqua le reflux de la poésie humanitaire romantique et l'effacement subséquent du règne glorieux des mages. Le développement de l'idée directrice du poème – la justification du divorce de l'Action et du Rêve (Verlaine reprend les termes de Baudelaire dans « Le Reniement de Saint-Pierre ») – repose sur la vision quasi mythique d'une union originelle, d'un « pacte primitif » entre politique et poétique, garantie d'ordre et d'harmonie. Une fois ce pacte rompu, seul l'emporte le chaos : « L'Action à présent – ô pitié ! – l'Action,/ C'est l'ouragan, c'est la tempête, c'est la houle/ Marine dans la nuit sans étoiles... » (*ibid.*, p. 37). De cette rupture résulte une nécessaire stratégie de repli de la Poésie, qui, n'ayant plus à inspirer l'Action et à l'exalter dans l'ordre de la grandeur épique, se voue au culte exclusif du Beau. Promue au rang d'une valeur absolue, la pureté esthétique et ses corrélats (« l'Azur » et « l'Idéal ») ne marquent pas une involution, mais bien au contraire une mutation, un degré supérieur dans l'élévation poétique. Comme l'indique la fin du poème, une fois délivrée du « honteux conflit des besognes vulgaires » (*id.*), la poésie reprend possession d'elle-même et accède à sa propre lumière. Telle est du moins la leçon explicite de ce texte programmatique, qui semble accréditer les principes fondateurs de la doctrine parnassienne. En profondeur sont esquissées les lignes idéologiques qui assureront au recueil son armature poético-politique. D'une part, ce prologue attire l'attention sur les motivations historiques de la mélancolie car le poète amant de la beauté idéale est aussi celui qui a renoncé à une alliance initiale, en raison d'une théorie et d'une pratique de l'action qui ne répond plus qu'aux injonctions de la Force, autant dire de la violence. Verlaine met donc

1. *La Formation littéraire de Paul Verlaine*, Paris, Nizet, 1970, p. 273 *ssq*.

d'emblée l'accent sur une problématique qui place l'individu en regard du pouvoir et de la collectivité. Cet aspect se répercute dans des poèmes tels que « Grotesques », « César Borgia » ou « La Mort de Philippe II ». D'autre part, en renchérissant sur le motif de la rupture, ce poème suggère que désormais la poésie se résigne à ne plus être épique, c'est-à-dire nantie d'un récit circonstancié qui concerne les enjeux et les valeurs des sociétés humaines envisagées dans leur devenir. La grande manière de l'épopée s'efface ainsi dès l'ouverture du recueil, au profit sans doute de ce que Verlaine appelle sa « petite manière »[1]. Mais la poésie ne s'interdit pas pour autant de proposer, au gré de certains détours, un questionnement poético-politique.

Visée programmatique et manifeste poétique

L' « Épilogue » poursuit et parachève ce métadiscours sur la poésie et son avenir. Formant une espèce de tryptique, la séquence finale reprend en écho les lignes notionnelles et argumentatives du poème préfaciel et du « Prologue ». Lié par un rapport d'asymétrie, voire d'opposition apparente avec le poème liminaire, le premier volet de l'« Épilogue » célèbre un retour inespéré à une Nature apaisée et bienveillante : une atmosphère harmonieuse et tempérée rétablit une unité originelle rêvée, par quoi la Mère Nature apparaît à « son sujet pervers et révolté » (avatar évident du sujet baudelairien tel qu'il se dessine dans *Les Fleurs du Mal*) sous les traits allégoriques d'une Vierge de Miséricorde : « Du pan de son manteau que l'abîme constelle,/ Elle daigne essuyer les moiteurs de nos fronts » (*Ps.*, p. 91). C'est là la consolation apportée aux saturniens, dont la présence collective s'indique sous la forme pronominale du « nous ». Si cette influence bénéfique retourne en apparence la prophétie négative de la préface, elle s'avère n'être en fait qu'un leurre. Telle est du moins l'interprétation que suggère l'impératif final du texte : « Pensons » (*id.*). Cette « pensivité » revendiquée comme un acte de résistance est le propre du mélancolique qui, veilleur infatigable, ne se laisse pas séduire par les charmes de la Nature, enchantement que le premier quatrain de « L'Angoisse » nie avec force (p. 45). Ainsi, une première boucle se referme avec ce volet initial de l'« Épilogue », qui réaffirme, en une espèce de trompe-l'œil calculé, l'appartenance symbolique du sujet à la lignée saturnienne.

1. Lettre à Stéphane Mallarmé, 22 novembre 1866, *Cg.*, p. 99.

Le deuxième volet réactive la dynamique réflexive engagée dans le « Prologue ». Il donne plus précisément suite à l'injonction : « Maintenant, va, mon Livre, où le hasard te mène » (p. 37). En bout de recueil, donc au terme d'une lecture suivie, la poésie (« Chères Idées », p. 92) regagne son site originel : « l'Infini bleu », variante de « l'Azur » du « Prologue ». C'est pourquoi ce moment conclusif, qui envisage le « livre clos » comme une œuvre accomplie, est l'occasion d'une célébration de la Poésie, qui se décline dès lors en ses espèces rayonnantes : Vers, Rime, Rhythmes, Rêves, Images..., autant de termes qui renvoient au lexique auto-valorisant d'un Banville ou encore d'un Gautier. Tout l'appareil esthétique du Parnasse vient ici compléter l'évocation abstraite du « Prologue ». Rhétorique familière qui exalte l'Art et ses vertus et qui, *in fine*, couronne un point décisif de la doctrine : la séparation de la Poésie et de l'Inspiration. Conventionnellement comparée à un astre, la Poésie se voit *ipso facto* alignée sur l'axe de Saturne et de la mélancolie : convergence interne qui ne manque pas de renforcer l'effet de cohérence notionnelle. De plus, cette « unique passion » accède au statut symbolique de « Mère », indication qui entérine la logique de la filiation exposée dans le poème préfaciel. Mais par là-même la Poésie-Mère détrône définitivement la Mère Nature...

Du deuxième au troisième volet de l'« Épilogue », la liaison se fait par reprise anaphorique du terme qui deviendra le thème évidemment dévalué du poème : l'Inspiration. Le texte réorchestre, avec emphase, le credo parnassien, notamment la réfutation par Leconte de Lisle du « thème personnel » et de ses « variations » qui figure dans la préface de 1852 des *Poèmes antiques*. Il résonne également des exhortations de Gautier, dont le poème « L'Art » nourrit par transfusion l'avant-dernière strophe de cette séquence (p. 94). La leçon est apprise et dominée. Mais ce qui mérite d'être souligné, c'est la portée programmatique de ce dernier texte qui préfigure l'avenir glorieux de la poésie, délivrée des modèles romantiques (notamment des « jérémiades lamartiniennes » (*Pr.*, p. 599), « Le Lac » étant évoqué et dénigré, *Ps.*, p. 93) et des enthousiasmes naïfs de la jeunesse : « Ah ! l'Inspiration, on l'invoque à seize ans » (*id.*). D'un point de vue pragmatique, le « Prologue » comme l'« Épilogue » concourent efficacement à inscrire Verlaine et son recueil dans le courant actuel d'une poésie postromantique et moderne.

Comportant un métadiscours justificatif qui embrasse l'historicité des formes et des valeurs poétiques, le dispositif encadrant du recueil donne à lire le devenir de la Poésie tout en éclairant l'histoire d'une vocation – de l'inspiration (qui est l'enfance de l'art) à l'exercice d'une lucidité critique. Dès lors, c'est l'ensemble des *Poëmes saturniens* qu'il faut considérer comme le lieu privilégié d'une mise à nu et d'une mise en question de la Poésie et de ses emblèmes.

PROBLÈMES D'AGENCEMENT INTERNE

Le constat de la variété

Pour la plupart des critiques qui se sont interrogés sur l'intention organisatrice des *Poëmes saturniens*, seul l'ensemble des douze poèmes qui fait immédiatement suite à la section « Caprices » pose de réels problèmes d'un point de vue purement structurel[1]. Cet ensemble, qui va d'« *Initium* » à « La Mort de Philippe II », rompt de fait le schéma d'organisation interne du volume qui jusque-là semblait prévaloir. Il met en question la « rhétorique du livre »[2], conçue comme une division de l'ouvrage en parties titrées, sur le modèle des *Fleurs du Mal*. Loin de céder à la facilité ou à la négligence, Verlaine inscrit, avec cet ensemble de poèmes apparemment hétéroclite, un principe de diversité et de contradiction qui mérite d'être considéré pour ce qu'il est : à l'exigence, toujours relative, d'agencement, répond, pour finir et avant l'« Épilogue », le goût réaffirmé de la variété, tout se passant comme si Verlaine souhaitait manifester par là cette oscillation permanente entre les valeurs de symétrie, d'ordre et d'unité et les contre-valeurs poétiques d'irrégularité et de pluralité.

Quoi qu'il en soit, les douze poèmes en question semblent relever bien plus de la logique de l'album (assemblage de pièces dépareillées), chaque poème aspirant à son autonomie, et reposant sur sa capacité à faire valoir sa singularité, voire son unicité. Impression que valide d'ailleurs la page de faux titre qui, dans l'édition originale, précède chacun des textes,

1. Voir Murphy, « Éléments pour l'étude des *Poëmes saturniens* », article cité, et *infra*, p. 144-157.

2. Arnaud Bernadet, *Fêtes galantes, Romances sans paroles* précédé de *Poèmes saturniens*, Paris, Gallimard, « Foliothèque », 2007, p. 39.

redoublant ainsi l'énoncé du titre proprement dit[1]. Une telle redondance invite à considérer chaque pièce comme une section et entérine *de facto* le constat de discontinuité.

Échos et convergences génériques

Si, comme on peut aisément le constater, les autres sections du recueil possèdent, sinon leur architecture propre, du moins leur unité et leur équilibre, en revanche, d'« *Initium* » à « La Mort de Philippe II », on n'enregistre qu'absence de lien et défaut d'appariement. Certes, on peut toujours gloser l'hypothétique cheminement (symbolique) qui mène du commencement (*initium*) à la mort (fût-elle celle d'une figure royale et historique) ; mais il n'y a rien là qui emporte l'adhésion, tant, par d'autres aspects, domine le sentiment d'une grande dispersion. Comment dès lors concilier cet effet d'éparpillement avec le dogme, formulé dans l'« Épilogue », d'une poétique de la concentration et de la concertation formelle de l'œuvre d'art ? (*Ps*, p. 93-94). Pour tenter d'éclairer ce problème, il convient de s'en tenir, non pas aux prétendues intentions d'ordonnancement secrète de cette suite de poèmes, mais bien à l'espace signifiant que le recueil circonscrit par sa dynamique propre, c'est-à-dire par les relations discrètes qui s'établissent entre les poèmes, à l'intérieur d'un même ensemble ou d'un ensemble à un autre. Or cet espace – qui est en vérité celui de la lecture et du travail de l'interprétation – est traversé et soutenu par une pratique de l'écho, de la reprise interne et de la variation. Telle était bien d'ailleurs la recherche de Verlaine : instaurer et inventer des « formes de l'écho » (*Pr.*, p. 722). On observera ainsi qu'un réseau de résonances convergentes se tisse entre « *Sub urbe* », « Nocturne parisien » et « La Mort de Philippe II », le premier et le troisième de ces trois textes possédant par ailleurs la même structure en *terza rima*. Il s'agit là de trois poèmes formellement distincts, mais puissamment soudés par une même topique de l'imagination macabre : une écriture de la mort se détaille en trois tableaux qui obéissent aux ressorts de trois manières différentes. « *Sub urbe* » prolonge la tonalité baudelairienne des « Spleen », LXXV et LXXVIII : les « faubourgs brumeux » et le cortège des « longs corbillards » trouvent à se moduler dans ce poème où affleurent également

1. La mise en page de l'édition Borel (Poésie/Gallimard, 1973) ne reproduit pas cette composition.

quelques réminiscences de la pièce C des *Fleurs du Mal* (« La servante au grand cœur... »). « Nocturne parisien » cultive un autre versant, plus épique, de la manière baudelairienne, telle notamment qu'elle se développe dans les « Tableaux parisiens » : évocation de la capitale – ici ramenée à la Seine, « vieux serpent boueux » (*Ps*, p. 81) d'une nouvelle Chute – comme le lieu par excellence du désespoir moderne et d'une damnation dans la mort. « La Mort de Philippe II » choisit le genre héroïque de la fresque pour peindre l'agonie et le trépas d'un monarque sanguinaire ; le poème combine la rhétorique pseudo-épique de Leconte de Lisle et la technique de la scène d'histoire propre aux « petites épopées » de Victor Hugo. De même, il semble licite de rapprocher d'« *Initium* » des poèmes tels que « Sérénade », « *Il Bacio* » ou « *Nevermore*, II » : les lieux communs de la lyrique amoureuse y sont diversement traités, tantôt naïvement, tantôt sur le mode grinçant de l'ironie : ainsi le baiser rouge de l'« Ange » qui est la « Gouge » (*ibid.*, p. 72) annule par anticipation le baiser « rose trémière au jardin des caresses d'« *Il Bacio* » (p. 75). Le poème « Marco » mérite également d'être placé en regard d'« *Initium* » : non seulement ici et là il s'agit d'une passion dévastatrice, mais le corps du désir n'est autre qu'un corps qui passe, danse et virevolte en une espèce de tourbillon étourdissant (où resurgissent les motifs combinés de deux poèmes de Baudelaire : « Le Serpent qui danse » et « Le Beau navire »).

Le travail de la liaison

Enfin, le motif de l'impassibilité se manifeste de diverses manières : c'est d'abord la résistance quasi héroïque, attitude fière et noble, de Çavitrî dans le poème éponyme, fable abrégée qui vient illustrer – à la façon d'une petite allégorie – un aspect de l'éthique parnassienne. De même « Un dahlia » se présente à bien des égards comme une contribution au culte d'une beauté plastique qui « Déroule, mate, ses impeccables accords » (p. 73). Mais l'harmonie du marbre et de la fleur inodore couronne le dogme de l'insensibilité et de l'indifférence froide et cruelle. Le poème « César Borgia » doit être également interprété à l'aune de ce hiératisme ambivalent, qui célèbre le beau tout en éradiquant la vie. Le portrait du tyran, qui obéit ici aux règles de l'*ekphrasis*, construit une image de type pictural d'où tout commentaire a été effacé : il appartient au lecteur de déduire du tableau figé et de ses ambiguïtés constitutives la morale de l'histoire. Ces poèmes proposent trois variations sur un des termes-clés de l'esthétique parnassienne ; ils prolongent jusqu'au bout du recueil le programme exposé dans le « Prologue » et annoncent le poème manifeste de l'« Épilogue » (III).

À ces remarques, susceptibles d'éclairer les réseaux de signifiance qui s'esquissent dans cette partie du livre, il convient d'ajouter les effets de ligature, discrets, mais néanmoins fonctionnels, qu'on est en droit de relever dans l'enchaînement de certains textes de cette suite.

Si entre « Çavitrî » et « *Sub urbe* » le lien se réalise par opposition (« un *haut* dessein » # « Les *petits* ifs du cimetière »), en revanche la consécution opère par glissement sémantico-prosodique entre « *Sub urbe* » et « Sérénade » (« vos sommeils *mor*nes # « Comme la voix d'un *mor*t... ») et entre « Sérénade » et « Un dahlia » (« *C*ruelle et *c*âline » # « *C*ourtisane au sein dur... »). Le « nœud de rubis qui s'allume », à la fin de « César Borgia », préfigure l'attaque du poème suivant : « Le coucher de soleil de septembre ensanglante... ». Ici comme là, l'indication de couleur connote le sang versé et la topique attendue de la cruauté du tyran.

VERS UN LYRISME DISTANCIÉ

La voix dysphorique

Le principe esthétique de la variété, qui commande l'organisation du recueil, s'accommode d'une logique souterraine de la liaison comme il favorise, plus ouvertement, le travail du discontinu qui fait la part belle au contraste et à la contradiction. Verlaine, encore guidé par l'héritage baudelairien, juxtapose des essais, des formules, plus qu'il ne cherche à les unifier. C'est pourquoi les *Poëmes saturniens* apparaissent comme une marqueterie de tons et de registres que baigne le soleil déclinant de la mélancolie. La voix lyrique place ses accents, et varie ses gammes.

La section « *Melancholia* » est douée d'un fort coefficient d'unité formelle, qui tient au recours au sonnet (sur les huit sonnets qui composent la suite quatre sont réguliers) et à une cohérence énonciative renforcée : le « je » y domine dans le cadre d'une expressivité lyrique surdéterminée pour l'essentiel par une conscience dysphorique du monde et un sentiment subséquent de perte. La logique de la désaffection affective suit une courbe descendante qui va de la « Résignation » à

« L'Angoisse », dernier stade de l'abandon qui solde les ultimes illusions du cœur et de l'esprit. On pourra toujours adosser ce discours lyrique à quelques motifs cryptés référables à la biographie de l'auteur, notamment aux souvenirs de Lécluse et d'Elisa Moncomble, cousine de Verlaine, « intime amie d'enfance, sœur d'élection prédestinée au rôle d'amante »[1]. Mais s'ils sont bien adressés à quelque interlocutrice privilégiée, « Ces vers du fond de ma détresse violente » (*Ps.*, p. 44) ne comportent aucune mention explicite relative à leur destinatrice. Ils sont bien plus typiques d'une énonciation lyrique tendue vers une Absente, une Morte, et cherchent à retenir « L'inflexion des voix chères qui se sont tues » (*ibid.*, p. 43). Par là se trouve réactivé un pan entier de la lyrique mélancolique baudelairienne : le sujet en détresse apparaît déchiré entre le renoncement lucide et le maintien de l'idéal chimérique. Si le sonnet « L'Angoisse », qui conclut la section, résonne à distance des accents du poème « Le Voyage » qui achève *Les Fleurs du Mal* (1861, deuxième édition), la figure de la Femme rêvée et idéalisée qui surgit dans « Mon rêve familier » possède le « regard des statues », autrement dit un regard de morte, vide et inexpressif. C'est là l'image d'une idole figée et quasi funèbre d'où toute vie s'est retirée, qui n'est pas sans évoquer le « rêve de pierre » du sonnet « La Beauté ».

L'envers de cette pétrification se colore des feux glacés d'une passion qui vaut destruction : l'enlisement dans la perversité, dans la noirceur du mal, tel qu'il se manifeste chez Baudelaire, se transpose dans la poésie de Verlaine en des évocations qui assignent à la figure féminine – objet et destinatrice du poème – une condition de monstre assoiffé de souffrance, avec lequel cependant s'engage le duel ironique. Les poèmes « Sérénade », « Un dahlia » ou « Marco » renchérissent sur cette topique négative. Qui fait l'Ange fait la Gouge, en somme. La partition lyrique s'achève ainsi sur la nécessaire invalidation des vertus de l'amour retournées en illusions délétères. « *Nevermore*, II » thématise ce point : « Le ver est dans le fruit, le réveil dans le rêve/Et le remords est dans l'amour : telle est la loi » (*Ps.*, p. 74). Verlaine exploite une veine dont il retrace les contours et exhibe les emblèmes les plus voyants. La phraséologie du discours amoureux – pivot de l'expression lyrique – atteste l'imprégnation de l'ironie baudelairienne dans les poèmes de « *Melancholia* ».

1. Jacques-Henri Bornecque, *Verlaine par lui-même*, Seuil, « Écrivains de toujours », 1967, p. 31.

Dilution du « moi » et solution poétique

Mais cette voix affecte d'autres secteurs du discours poétique. Elle se concentre par exemple dans le motif récurrent des « soleils couchants » qui fait le fond de la section « Paysages tristes ». Le titre invite à adopter une perspective visuelle, qui doit beaucoup au modèle pictural et au genre du paysage tel qu'il se développe au XIXe siècle. Mais Verlaine opère un net infléchissement en prêtant à cette section – unifiée par la tonalité crépusculaire et mélancolique – une valeur symbolique, par quoi le monde extérieur se transforme en un décor intériorisé, en un espace affectif et mental. C'est pourquoi ces poèmes reposent sur un système d'énonciation et de représentation particulier où la subjectivité lyrique se reverse au compte de l'extériorité tout en l'habitant de ses visions. Le paysage verlainien s'informe par là : le moi s'y diffuse et s'y dissout en errant entre les plans de la figuration. D'où le statut « flottant » du « je » dans ces textes : qu'on se reporte par exemple au trois premiers poèmes de la section. Le sujet s'abîme et s'oublie, il se noie (« Noyant mes sens, mon âme et ma raison », « Crépuscule du soir mystique ») dans un espace atmosphérique qui méconnaît contours et limites. Mais cet espace est d'abord verbal, rythmique et prosodique. « Paysages tristes » introduit dans la poétique verlainienne cette donnée baudelairienne de la répétition, venue en fait des conceptions de Poe, et qui participe pleinement de l'effet poétique, une technique concertée d'élaboration verbale destinée à placer le lecteur sous le coup d'une obsession, d'un vertige ou d'une musique lancinante. « Soleils couchants », « Crépuscule du soir mystique » ou « Promenade sentimentale » exploitent ouvertement ce procédé en renchérissant sur les ressources rythmiques et tonales de la répétition ; ils font de la reprise interne et de la modulation une règle de composition poétique. De même « Chanson d'automne », par la récurrence du son [o] et de ses variations, produit ce marquage du rythme et de la mélodie, d'autant plus perceptible et structurellement déterminant qu'il opère au sein de formes métriques brèves. Si, de fait, Baudelaire fournit à Verlaine un répertoire disponible – celui des « soleils couchants » et du matériel figuratif afférent –, l'auteur des *Poëmes saturniens* invente toutefois sa propre manière, comme d'ailleurs il le fera observer plus tard : « Les *Paysages tristes* ne sont-ils pas en quelque sorte l'œuf de toute une volée de vers chanteurs, vagues ensemble et définis, dont je suis peut-être le premier en date oiselier ? » (*Pr.*, p. 721) C'est là sans doute l'émergence d'un nouveau dire poétique qui contribue à remodeler sensiblement les formes de l'expression lyrique en entraînant le poème du côté de la chanson.

Des « chants bizarres »

Les sections « Eaux-fortes » et « Caprices » actualisent un chant autre, qu'il serait légitime de qualifier de « bizarre », pour reprendre un mot figurant dans « Grotesques » : « Ils nasillent des chants bizarres/ Nostalgiques et révoltés » (*Ps.*, p. 51). « Le beau est toujours bizarre », déclarait Baudelaire lors de l'Exposition universelle de 1855 ; il invitait du même coup à évaluer la force d'étrangeté inhérente aux manifestations de la beauté moderne. Cette étrangeté, qui met à mal les canons esthétiques et le goût du régulier, éclate dans les poèmes qui composent les « Eaux-fortes ». Le modèle de la gravure à l'eau-forte, revendiqué par Verlaine, programme certes une lecture spécifique, qui valoriserait le travail de composition plastique et visuelle et validerait du même coup une approche comptable des ressources esthétiques propres à l'*ekphrasis* ou à la transposition. Ces poèmes sondent de fait les ressorts et les effets de la figuration (en référence à Rembrandt ou à Callot), mais là ne s'épuise pas leur pertinence rhéto-poétique. Ils fondent également une écriture qui se prête, dans le cadre d'un petit format (comme la gravure), à l'exploitation de la nuance, de l'estompage, de la hachure, du fouillis des lignes (voir « Effet de nuit » par exemple, *Ps.*, p. 50), des écarts de l'irrégulier, qui toujours étonnent. À l'ouverture de la section, « Croquis parisien » donne le ton et multiplie les signes lisibles d'un projet singulier faisant de la dysharmonie interne, de l'hétérogénéité rhétorique (en l'occurrence les éléments comparatifs) et du choix concerté des moyens de la versification (la rime *cinq* :: *zinc* notamment) un mode d'engendrement poétique, qui ne manque pas de surprendre. C'est que, comme le souligne Arnaud Bernadet, l'eau-forte, comme la poétique verlainienne dans cette suite de textes, reste « insensible à toute tentative d'harmonisation »[1].

Réinscrite dans le champ de la fantaisie ou du caprice (terme qui connote l'irrésistible immixtion de l'humeur dans l'univers réglé des formes), cette esthétique du bizarre est solidaire d'une poétique de la discordance. Discordance logico-thématique, formelle, mais aussi métrico-

1. Arnaud Bernadet, *Fêtes galantes, Romances sans paroles...*, *op. cit.*, p. 163.

syntaxique, ainsi que l'atteste par exemple « Effet de nuit », où abondent les ruptures internes et externes entre le mètre et la phrase. Le poème « Nocturne parisien » (qui est comme le prolongement amplifié de « Croquis parisien ») couronne le programme très baudelairien d'une beauté urbaine, criarde et bizarre, tout en en donnant le commentaire métapoétique : l'harmonie y est déclarée nulle et non avenue, tandis que les accents dépareillés et les mélodies tonitruantes de l'orgue de Barbarie se voient distingués. La voix de la ville « chante sa chanson » : « C'est écorché, c'est faux, c'est horrible, c'est dur » (*Ps.*, p. 80), mais c'est beau. Ce chant quinteux et enroué soutient une écriture qui fonde dans cette analogie sa propre raison et n'hésite pas à dessiner des « zigzags fantasques » (*id.*).

Mais le recours à l'orgue de Barbarie, emblème d'une poésie des rues, erratique et touchante, doit être interprété comme l'affirmation d'une position politique : non seulement l'instrument plaide symboliquement en faveur d'un art populaire (la chanson) – par lequel par conséquent se manifesterait dans toute sa vigueur et sa turbulence la voix du peuple –, mais de plus il ressaisit, à distance, les échos du poème « Grotesques » (p. 51-52) dont la leçon peut désormais s'ordonner en grille de lecture politique. En effet, la race des exclus, exposée à la risée et l'anathème, apparaît bien dans ce texte comme l'allégorie du peuple, promis à une errance sans objet et à une mort sans consolation. Placés entre deux bornes qui résonnent aux oreilles averties comme les millésimes d'un calendrier malheureux (« Les juins brûlent et les décembres/ Gèlent vos chairs... », p. 52), les « grotesques » verlainiens, parents éloignés des gueux haillonneux de Callot, se voient pris entre le souvenir des journées de juin 1848 et le coup d'État du 2 décembre 1851[1]. Au sein d'un recueil qui prétend ne prendre d'autre parti que celui du Beau et de l'Art, Verlaine ne renonce pas à ses convictions républicaines. À partir de telles observations, s'éclairent efficacement des textes tels que « La Mort de Philippe II » ou « César Borgia », dont la visée politique, plus immédiate, s'accommode ironiquement des fastes du tableau ou de la fresque historiques. Les figures de roi ou de prince prennent rang dans la perspective d'une réflexion poétique sur le

1. Voir Steve Murphy, *Marges du premier Verlaine*, Paris, Honoré Champion, 2003, p. 289, et Arnaud Bernadet, *L'Exil et l'Utopie. Politiques de Verlaine*, Publications de l'Université de Saint-Étienne, 2007, p. 81-107.

pouvoir et ses dérives[1] ; elles trahissent par là-même une grille axiologique et idéologique qui concourt pleinement à la signifiance du livre de poésie et à la remotivation du terme de « saturnien ».

Les poèmes du recueil – à l'exception de quelques-uns, qui apparaissent comme des actes de consentement plus que d'allégeance – ne suivent pas vraiment le programme esthétique de la désimplication énoncé dans le « Prologue ». S'ils ne se détournent pas radicalement du dogme parnassien, qu'ils intègrent volontiers, ils s'emploient bien plus à en infléchir les principes et les raisons. Dernier ressort de l'ironie verlainienne qui invite à interpréter les poèmes encadrants comme des concessions faites à la mode du moment. Verlaine, qui met en tension la règle de l'impassibilité avec la veine du lyrisme sentimental dans l'espace de ce livre, attire l'attention sur des phraséologies et des valeurs qui ont force de code et avec lesquelles le poème est libre d'entretenir un dialogue critique et distancié.

1. Voir précédemment l'étude de Solenn Dupas, p. 42-51.

2

Fêtes galantes : *le faune et le zinzolin*

BERTRAND DEGOTT

Mais à quoi bon tirer son imagination du spectacle du monde, quand on peut inventer un monde et un poème ?

E. et J. de Goncourt, « Watteau »,
in *L'Art du XVIIIe siècle*

Comment le poète pourrait-il être l'homme de tant de figures et de liens imaginaires, s'il disposait lui-même d'une identité *stable* et s'il savait à quoi *s'en tenir* ?

J.-M. Maulpoix, *La Poésie malgré tout*

Est-il dans l'œuvre de Verlaine un recueil qui soit aussi impersonnel, et aussi personnel à la fois, que *Fêtes galantes* ? Impersonnel par l'emploi de truchements empruntés à la *commedia dell'arte* ou hérités des peintres des fêtes galantes qui, au siècle précédent, les mirent en scène, et que dépoussièrent les années 1850 et 1860. Personnel par la manière même dont Verlaine se les approprie et impose une esthétique tout à la fois cohérente et complexe qui joue sur les codes du théâtre, du roman précieux ou libertin, de la chanson et de la poésie lyrique. Ainsi le *je* ne s'exprime-t-il ici qu'à travers des prête-voix. Polyphonie pleinement lyrique que ce jeu entre les personnes ! Dira-t-on que *Fêtes galantes* est une transposition d'art ou un paysage d'âme ? Les deux sans doute, en vertu de cet impératif proprement parnassien que le poète ne peut se dire qu'indirectement, moins impassible que vibrant à travers les objets qu'il se donne, parce qu'il n'est jamais aussi authentiquement lui-même que lorsqu'il parvient à styliser sa parole. Ce que *Fêtes galantes* nous dit, ce que le recueil retient de la vie, derrière les masques et les déguisements de comédie, n'est-ce pas un face-à-face avec l'amour dans sa complexité ?

SOURCES ET RÉSURGENCES

Ce qu'on nomme *transposition d'art* est fréquent chez le premier Verlaine, qu'il s'agisse explicitement de transposer un genre (« Paysages tristes », « Paysages belges ») ou une technique (« Eaux-fortes », « Aquarelles »). *Fêtes galantes* est le titre d'un tableau de Watteau conservé au Musée de Berlin, et par suite *fête galante* désigne un genre pictural, illustré au XVIIIe par Watteau ainsi que par ses « singes »[1], Lancret et Pater, et par Boucher. Une réévaluation critique de ces artistes se fait sous l'impulsion de Charles Blanc dans *Les Peintres des fêtes galantes* (1854) et des frères Goncourt dans *L'Art du XVIIIe siècle* (1860). Mais il est vrai aussi que, sous le romantisme déjà, le mime Deburau avait ressuscité les personnages traditionnels de la Comédie-Italienne, qui çà et là traversent les toiles de ces peintres. On a montré que certains poèmes s'inspirent de tableaux bien précis comme de descriptions données par ces ouvrages, ou encore de scènes du *Théâtre à quatre sous* de Deburau. Si *Fêtes galantes* prend sa source dans la peinture, on ne remarquera le vocabulaire qui y fait ponctuellement référence – « paysage » (*Fg.*, p. 97), « peinte » (*ibid.*, p. 100), « tableau » (p. 120) – qu'afin de constater que le projet de Verlaine excède la visée descriptive.

D'autres sources sont probables, telle « La Fête chez Thérèse »[2] de Victor Hugo, où l'on voit « Les Amyntas rêvant auprès des Léonores », « Colombine dorm[ir] dans un gros coquillage », et dès à présent la rime *Arlequin :: faquin*. En outre, les derniers vers du poème lient déjà si bien le clair de lune au trouble amoureux, qu'on pourrait dire que Verlaine commence là où finit Hugo :

> Et, troublés comme on l'est en songe, vaguement,
> Ils sentaient par degrés se mêler à leur âme,
> À leurs discours secrets, à leurs regards de flamme,
> À leur cœur, à leurs sens, à leur molle raison,
> Le clair de lune bleu qui baignait l'horizon[3].

Enfin, « La Fête chez Thérèse » a eu pour premier titre « Trumeau », qui est aussi celui sous lequel paraît « Mandoline » dans *La Gazette rimée*

1. Le mot vient des Goncourt.

2. *Les Contemplations*, *Œuvres poétiques,* édition de P. Albouy, Paris, Gallimard, « Bibliothèque de la Pléiade », t. II, 1967, p. 522-524.

3. *Ibid.*, p. 524.

du 20 février 1867. Mais l'arbre ne doit pas cacher la forêt et la critique mentionne souvent, avec « La Viole de gamba » de *Gaspard de la nuit* (1842) d'Aloysius Bertrand, plusieurs textes de Théophile Gautier, dont ses « Variations sur le Carnaval de Venise » d'*Émaux et Camées* (1857). Vu la propension au pastiche que Verlaine montre dès l'origine, il n'est pas impossible de lire *Fêtes galantes* comme une réplique ironique à l'idéalisme romantique qui sous-tend certains de ces textes : par contraste avec une mise en scène euphorique, les personnages du *trumeau* de Verlaine « échangent des propos fades » (*Fg.*, p. 113), et par ce dernier adjectif le poète s'approprie leurs paroles, se donnant par suite le droit d'en juger. On a de même signalé les récritures de la manière précieuse, et notamment de Théophile de Viau, sorti des oubliettes par *Les Grotesques* (1844) de Gautier, dont Verlaine lit les œuvres et qu'il démarque dans « Lettre ». Mais sa parodie s'exerce aussi à l'endroit et à l'instar du jeune Banville, dont il confie que *Les Cariatides* (1842) « frappèrent littéralement d'admiration et de sympathie [s]es seize ans déjà littéraires »[1]. La dernière partie de ce recueil s'intitule « À Clymène/ Pastiches » puis, dans l'édition de 1857, « En habit zinzolin » : entre autres manifestations de cette préciosité s'y rencontrent un « rondeau » à Églé et un « madrigal » à Clymène. Le *zinzolin* étant une teinture d'un violet rougeâtre, l'adjectif *zinzolin*, que Larousse donne déjà pour désuet, ne l'est pas moins que les univers qu'il connote alors, celui des bergeries comme celui de Watteau[2]. Qu'il s'agisse dans *Fêtes galantes* d'une préciosité affectée, parodique, il n'empêche que cette préciosité *zinzolinée* est une composante de la manière de Verlaine dans ce recueil, et qu'on pourrait parler d'un « Verlaine zinzolin ». Ainsi que le remarque Olivier Bivort, la cohérence historique des *Fêtes* est à chercher « du côté du Grand Siècle, vers les poètes baroques ou les salons mondains »[3]. Verlaine s'y sert d'« une poétique " dix-huitième siècle " de seconde main, éprouvée, mais qu'il aurait cherché à exploiter comme un reflet » (*id.*).

1. « Souvenirs sur Théodore de Banville », *Pr*, p. 282.

2. Les frères Goncourt évoquent, dans *L'Art du XVIIIe siècle,* « le tapage des zinzolins et des chevelures blondes », et Gautier campe un Léandre jouant une pièce de Scudéry, « vêtu d'un habit zinzolin rehaussé de quelques broderies vertes à la mode pastorale » (*Le Capitaine Fracasse* [1863], IX, Paris, Garnier Frères, 1961, p. 233).

3. *OB1*, p. 14 et 15.

Une autre source mérite mention. Comme il arrive souvent qu'une première œuvre contienne le ferment des œuvres à venir, Verlaine exploite dans *Fêtes galantes* l'un des possibles articulés par son recueil de 1866 : « Nuit du Walpurgis classique » (*Ps.*, p. 56-57), avec ses onze quatrains, est le plus étendu des « Paysages tristes », et l'on comprend que Jacques Borel y voie « la source même d'où sortiront les *Fêtes galantes* » (*ibid.*, p. 167). Bien des motifs sont là déjà, que déclinent en les développant les vingt-deux pièces du recueil de 1869 : « jets d'eaux », « allées », « rosiers », « boulingrins » et autres « sylvains de marbre »... Cette récriture sur le mode de l'expansion se fait pourtant au prix d'une éviction complète des références esthétiques : « un jardin de Lenôtre », « le sabbat du second *Faust* », « l'air de chasse de *Tannhauser* », « un Watteau rêvé par Raffet ». Le moins que l'on puisse dire est que Verlaine les multiplie dans son paysage triste alors qu'il n'en reste rien dans le recueil. Cela ne s'est pas fait d'emblée puisque lors de sa parution en février 1867 sous le titre de « Fêtes galantes », « Clair de lune » comportait encore la référence à Watteau ; ce n'est qu'ensuite que Verlaine a remplacé, dans le vers « Au calme clair de lune de Watteau », le génitif trop explicite par les épithètes « triste et beau ». Peut-être est-ce suite à la critique d'Anatole France qui demandait au poète « où il a vu des clairs de lune de Watteau, le peintre ensoleillé »[1] ? Mais que Verlaine ait vu des clairs de lune chez Watteau, n'est-ce pas la preuve du profond travail de transposition qui est à l'œuvre ? – si profond qu'on se demande même si Verlaine n'est pas à l'origine du poncif d'un Watteau nocturne... Mais, de façon plus générale, est-ce qu'on ne perd pas son temps à vouloir circonscrire précisément l'imaginaire des *Fêtes galantes*, dont le poème saturnien montre avant l'heure en multipliant les références à quel point cet imaginaire est composite, et le produit d'« accords/ Harmonieusement dissonants » (*Ps.*, p. 56) ? Plus qu'une transposition d'art, Verlaine nous livre un paysage d'âme avant tout, imprégné d'une propension largement répandue aux ambiances XVIIIe, au carnaval et aux bergeries.

L'intérêt de relire *Fêtes galantes* à la lumière de « Nuit du Walpurgis classique » pourrait surtout tenir à la fausse alternative, deux fois posée grâce à l'énallage de personne :

1. Cité dans *Op.*, p. 551.

– Ces spectres agités, sont-ce donc la pensée
Du poëte ivre, ou son regret, ou son remords,
Ces spectres agités en tourbe cadencée,
Ou bien tout simplement des morts ?

Sont-ce donc ton remords, ô rêvasseur qu'invite
L'horreur, ou ton regret, ou ta pensée, – hein ? – tous
Ces spectres qu'un vertige irrésistible agite,
Ou bien des morts qui seraient fous ? – (*id.*)

Les « fébriles fantômes » qui dansent dans les pages des *Fêtes galantes*, tout préoccupés qu'ils sont du désir de duper comme du plaisir d'être ravis encore, si délicieusement tourmentés par les jeux de l'amour et du hasard, n'en sont pas moins des morts, morts de fait ou morts en puissance si l'orgasme est cette « exquise mort » (*Fg.*, p. 117) que ne cessent d'ajourner « Les Indolents ». La voix du joueur de mandoline n'évoque-t-elle pas déjà celle « d'un mort qui chanterait/Du fond de sa fosse » (*Ps.*, p. 71) ? Que peuvent-ils donc représenter, ces morts et ces remords, tous ces fantômes et ces fantasmes ? Sans doute Verlaine a-t-il à l'esprit la lithographie d'Auguste Raffet, *La Revue nocturne* (1837), qui traite la Grande Armée avec cet œil macabre. Mais n'est-ce pas le même puissant mouvement qui anime le « rhythmique sabbat, rhythmique, extrêmement/Rhythmique », qui fait tourner comme des étoiles Colombine et ses dupes ou les chevaux de bois de la foire de Saint-Gilles ? Le vers halluciné de Verlaine procède du même carrousel mental et des mêmes vibrations qui transformeront en torche quelques années plus tard les cyprès de Van Gogh.

Ce paysage d'âme ne peut d'ailleurs être peuplé, si ce n'est par des morts, que par des exilés. À la manière des devisants du *Décaméron* de Boccace, les personnages de *Fêtes galantes* se meurent d'amour alors qu'au-delà des limites du parc le réel comme la peste fait rage. On comprend que Verlaine, que sa conscience politique conduit à s'engager lors de la Commune, ait longtemps médité son projet des *Vaincus*, un recueil d'inspiration socialiste qui devait faire pendant aux *Fêtes galantes*. Mais il y a dans ce choix des parcs à la Watteau, d'un microcosme de fin de régime – conséquence de cette posture qui veut qu'en bonne politesse le poète fin-de-siècle exile le monde[1] –, des langueurs d'« Empire à la fin de la décadence »[2] et un refus de la vie déjà symboliste.

1. Cette dialectique de l'exilé exilant est exposée dans le « Prologue » des *Poëmes saturniens*, p. 37. *Les Exilés* est le titre du recueil que Théodore de Banville publie en 1867, mais certaines pièces importantes de son volume ont paru en revue avant cette date.

2. « Langueur », *Jadis et Naguère*, *Po*, p. 370.

PERSONNAGES ET STRUCTURES

Ce qui frappe, relativement au petit nombre de vingt-deux pièces, c'est le grand nombre et la disparate des personnages mis en scène. Pour la plupart, ceux-ci sont empruntés soit à la *commedia dell'arte* soit à la littérature précieuse. Comme il s'agit de personnages de convention, de types théâtraux ou romanesques qui n'appartenant à personne sont à tous disponibles, l'important est de montrer comment Verlaine se les réapproprie. Pierrot, Cassandre, Arlequin et Colombine – tous quatre empruntés à la Comédie-Italienne, Arlequin lui originaire de Bergame, c'est-à-dire bergamasque – apparaissent dans cet ordre aussi bien dans « Pantomime » que dans « Colombine ». Moins nettement définis sont Clitandre et Léandre, personnages masculins comme le signifie l'élément *-andre* (du grec *anêr*, *andros*, « homme, mâle ») qu'ils partagent et qui paraît les rendre interchangeables. On notera alors que Colombine est nommée là deux fois et uniquement dans le titre ici. Dans ces deux poèmes, le personnage féminin est mis en valeur : plus au fait de ses propres sentiments et sans doute plus avisée que l'homme, c'est la femme qui mène la farce amoureuse. Trois autres personnages de la Comédie-Italienne, secondaires, apparaissent dans « Fantoches », « deux Napolitains, Pulcinella bizarrement contrefait, Scaramouche toujours vêtu de noir »[1] et le docteur bolonais (c'est-à-dire *il dottore*, originaire de Bologne) ; et leur nom subit un traitement qui tient de la pantomime, l'un donné en italien, l'autre – rime oblige – sous son équivalent français et le troisième à cheval sur les vers[2].

Moins directement stéréotypés sont les amants dont le nom fait surtout allusion à la littérature précieuse et pastorale, dans la mesure où ils demeurent anonymes – assemblés dans un parc ou pèlerins pour Cythère – chez les peintres des fêtes galantes : exception faite peut-être du chevalier Atys (*Fg.*, p. 111) dont le précédent mythologique fut châtré. Mais qu'importe que Léandre vienne d'une comédie de Banville, *Le Beau Léandre* (1856), du *Capitaine Fracasse* de Gautier ou bien d'ailleurs ? Il est vrai que Tircis, Aminte, Clitandre, Damis et Dorimène (*ibid.*, p. 113 et 117), tout ce personnel zinzolin trouve déjà auprès du jeune Banville un

1. *Op.*, p. 562.
2. Un premier titre dans le manuscrit des *Fêtes galantes*, dit ms. Stefan Zweig (du nom de son propriétaire) « Fantoccini », respectait la couleur italienne.

accueil favorable. Enfin, le trio de « Sur l'herbe » peut être une réminiscence d'une comédie de jeunesse d'Alfred de Musset, *Les Marrons du feu* (1830). Comprenant que Rafael (apostrophé de « marquis » dans la pièce) ne l'aime plus, la Camargo demande à l'abbé, son soupirant, de l'assassiner. L'argument certes a peu à voir avec l'échange des *Fêtes* qui, impliquant au moins une femme de plus, évoque plutôt une partie fine à la manière du *Déjeuner sur l'herbe*[1] qui aurait tourné en beuverie. Mais Clymène (p. 102 et 114) n'est pas moins topique, en accord avec la rime *Clymène :: inhumaine*, que ce personnage d'abbé libertin qui revient dans « En bateau ». Et sans doute la Camargo est-elle une courtisane et danseuse d'opéra célèbre au XVIIIe, mais c'est moins la référence qui importe que l'à-peu-près, l'allusion, l'illusion. Tout ce personnel complexe n'apparaît que pour la couleur, fait « *comme* au temps des bergeries » (p. 100), n'existe qu'« avec des airs de » (p. 101) ou « quasi » (p. 97).

On pourrait aussi distinguer schématiquement quatre régimes dans la parole des *Fêtes galantes* : les pantomimes, dessus de porte ou trumeaux, les échanges dialogués, les adresses et les prosopopées. Les *trumeaux* ou *dessus de porte*, qui sont des panneaux peints dans la décoration d'intérieur notamment au XVIIIe siècle, désignent par suite le genre poétique qui en transpose les sujets. Ainsi entend-on sous *trumeau* « un certain genre de la poésie hugolienne, gai et teinté d'érotisme »[2]. Qu'il s'agisse de petites scènes muettes ou de pièces à dominante narrativo-descriptive (les plus proches des *fêtes galantes* au sens pictural), on peut classer dans cette catégorie – outre « Pantomime », et « Mandoline » dont on a vu que « Trumeau » était le premier titre – « L'Allée », « Cortège »[3], « Fantoches », « En bateau » et « Colombine ». L'éventail est grand pourtant, des apartés de « Pantomime »[4] au portrait plus en nuances de « L'Allée ». Les poèmes où l'*échange dialogué* domine sont les plus proches du dialogue dramatique : de « Sur l'herbe » où il voit une « scène à quatre personnages », Jacques Robichez a même proposé une récriture théâtrale en attribuant chaque réplique (*Op.*, p. 552-553) ; *a contrario*, « Les

1. Le tableau de Manet date de 1863.

2. Hugo, *Œuvres poétiques*, t. II, *op. cit.*, p. 1403.

3. Parmi les sources littéraires de « Cortège », Jacques Robichez cite un poème de jeunesse d'Alphonse Daudet, intitulé « Dessus de porte » (*Op.*, p. 559).

4. « Ce n'est pas une scène de comédie, mais quatre dessus-de-porte indépendants, comme l'indiquait, mieux que " Pantomime ", le titre primitif : " En a-parte " », écrit Robichez (*Op.*, p. 552).

Indolents » et « Colloque sentimental » sont des scènes à deux personnages que la voix narrative respectivement moque et dramatise[1]. On recense deux *prosopopées* en tant que manifestations d'une parole collective, comparable au chœur du théâtre antique : « À la promenade » et « Les Ingénus ». Le quatrième régime, celui de l'*adresse*, est de loin le plus complexe. L'adresse amoureuse se fait supplique pour « Dans la grotte » ou bien blason avec « Les Coquillages », madrigal « À Clymène » ou bien « Lettre » ; elle est rétrospective avec « En patinant » ou prospective dans « Le Faune » ; de « L'Amour par terre » à « En sourdine », elle évolue du badinage au désespoir. Seul l'initial « Clair de lune » paraît moins une parole d'amant à amante qu'un effet du dédoublement lyrique, le poète s'adressant à lui-même comme à son lecteur. Quant à « Cythère », dont le titre renvoie très explicitement à Watteau, il n'appartient à aucun de ces régimes : c'est encore l'amant cependant qui, sur le mode de la confidence, appelle le lecteur à se faire voyeur.

Aussi théâtral que possible par ce mélange des voix, le recueil n'en raconte pas moins quelque chose, « selon une orientation qui va vers la tristesse » (*Op.*, p. 75), voire vers une gravité grinçante. Lorsque les personnages de « Pantomime » reviennent pour une « Colombine » aux accents schopenhauériens, le dessus de porte bariolé devient un miroir inquiétant. « Les Coquillages » réfère à « Dans la grotte » dès le deuxième vers, « À Clymène » y renvoie dès le titre (dans le ms. Zweig, le premier titre de « Dans la grotte » était « À Clymène ») : ces trois adresses sont autant d'étapes d'une relation amoureuse : la séduction, le rapport sexuel, la confusion des sentiments. En 1868, Verlaine campe un « Pierrot » fantomatique, dont plus que de *Fêtes galantes* sans doute Albert Giraud a tiré son *Pierrot lunaire*[2] :

> Ce n'est plus le rêveur lunaire du vieil air
> Qui riait aux aïeux dans les dessus de porte ;
> Sa gaîté, comme sa chandelle, hélas ! est morte,
> Et son spectre aujourd'hui nous hante, mince et clair. (*Po.*, p. 320)

1. Voir Joseph Sanchez, « *Colloque sentimental* de Paul Verlaine : stéréotypes et implicite dans le discours poétique », *Rv.*, n° 3-4, 1996, p. 120-134.

2. Ces cinquante « rondels bergamasques » réinvestissent les personnages de « Pantomime » et « Colombine » en tirant sur le mystico-macabre, en accord avec leur date de parution chez Lemerre (1884).

Pourquoi n'a-t-il pas intégré son sonnet aux *Fêtes* ? Si le macabre est exclu de ces pièces, si Verlaine préfère les dessus de porte ironiques aux mises en scène grinçantes, peut-être est-ce pour mieux ménager un finale spectral avec « Colloque sentimental ». De l'ordre du parc, au lieu de rosiers et ramures, en place des boulingrins, ne restent que « les avoines folles » (*Fg.*, p. 122). Le passé simple à la fin du poème renvoie un dialogue tout en contrastes à la nuit de l'histoire. Les fêtes galantes sont au passé, le parc est « vieux... solitaire et glacé » (*id.*), le couple d'« En patinant » n'a pas survécu à l'hiver, les amants sont devenus des ombres.

La progression dramatique est soutenue par la versification. On constate en effet que les quatorze premiers poèmes utilisent les trois mètres les plus fréquents (dix en 8s, deux en 10s et deux en 12s) : c'est la partie la plus légère. Dans une seconde partie de huit poèmes, dont deux polymétriques, nous trouvons huit mètres différents, le 8s et le 10s n'y apparaissant qu'une fois, le 12s deux fois. À la jointure se trouve « Le Faune », poème carré (8 x 8s) sur deux rimes (dont une en *-uite* !), qui est en outre le plus court du recueil. S'y entrelacent sous un œil menaçant les thèmes du maléfice et de la mélancolie. « Ces instants sereins » sont-ils ceux que les pages précédentes déclinent ? Du moins leur « suite/ Mauvaise » (p. 112) annonce-t-elle « Colombine » dont le cortège fatal remotive la rime des *astres :: désastres*, la seconde dans l'ordre de *Poëmes saturniens*. Quant au rire du faune, il préfigure celui que portent des « silvains hilares » sur « Les Indolents », ces « amants bizarres » (p. 117) qui raillent mieux qu'ils n'aiment et dont le désir, et la jouissance aussi sans doute, vont désormais à contretemps. Si topique soit-il par ailleurs dans la peinture, leur rire dans *Fêtes galantes* relaie le rire de Verlaine. C'est-à-dire que cette comédie à maints personnages est organisée, orchestrée par un point de vue souvent ironique.

DE L'IRONIE AU LYRISME

Le jardin de Lenôtre qui faisait le cadre de la « Nuit du Walpurgis classique » était déjà « correct, ridicule et charmant » (*Ps.*, p. 56). Mais pourquoi *ridicule* ? – pour l'homme du XIXe qu'est Verlaine, sans doute « par un reste de préjugé romantique »[1], ce n'est pas simplement Versailles

1. Louis Aguettant, *Verlaine*, Paris, Le Cerf, 1978, p. 45.

mais tout ce qui est contemporain du classicisme qui lui paraît, quoique en même temps charmant, un peu affecté, et partant une cible potentielle à l'ironie. Verlaine ne peut que pasticher l'époque et le pastiche qu'il en donne en ressort par là même risible. Jacques-Henry Bornecque rapporte avec quel détachement ironique, devenu « homme-de-lettres », Verlaine traitait son livre : « ... ces fameuses et exquises Fêtes Galantes là..., les Fêtes Galantes, cette charminte fantaisie... »[1]. Cette raillerie mérite examen.

Ainsi Junko Fukuda se propose-t-elle de « voir comment l'ironie et le lyrisme, deux postures souvent censées être incompatibles, sont étroitement liées dans les *Fêtes galantes* »[2], et finalement fondent la poétique du recueil. Entendons l'ironie avant tout comme phénomène énonciatif, dans la mesure où le Verlaine des *Fêtes* laisse entendre un grand nombre de discours et de voix. Dans ce recueil polyphonique, ce qui s'impose est moins l'antiphrase (c'est-à-dire l'inversion sémantique), que l'ironie dans sa composante pragmatique, en tant que la voix poétique s'y fait railleuse et qu'apparaissent disqualifiées les voix qu'on y entend par ailleurs. Quelles sont les cibles que vise l'ironie de Verlaine ? – ses personnages bien sûr, petit personnel docile et disponible, ainsi que leurs « propos fades » (*Fg.*, p. 113), et au-delà leur principale préoccupation, qui est aussi celle du poète et peut-être la nôtre : l'amour, dont la statue vole en éclats.

Verlaine disqualifie ses personnages dès le titre : « Ingénus », « Fantoches » ou « Indolents », qu'à des degrés divers les réalités de l'amour semblent dépasser. Le fréquent contrepoint qui oppose les hommes et les femmes, celles-ci plus lucides que ceux-là, ne fait que répartir inégalement les « dupes » (*ibid.*, p. 103, 106 et 119). Pris individuellement, les personnages ne résistent pas davantage à la moquerie. Léandre est un « sot » (p. 118), le docteur bolonais n'est « excellent » (p. 109) que par antiphrase ; même si la prosodie y entre pour une part – Arle*quin* est un « fa*quin* » (p. 98), un « *aigre*fin » comme le *nég*rillon (p. 104 et 118) –, l'axiologie n'en est pas moins négative. Ainsi les personnages sont-ils d'autant mieux raillés et disqualifiés qu'ils « échangent des propos fades » au lieu d'imiter « les ramures chanteuses »

1. Jacques-Henri Bornecque, *Lumières sur les* Fêtes galantes, Paris, Nizet, 1969, p. 12.

2. Junko Fukuda, « L'ironie lyrique dans les *Fêtes galantes* », *Rv.*, n° 5, 1997, p. 60. Une grande partie du développement qui suit utilise cet article.

(p. 113). En effet, même en dehors de tout commentaire, leurs échanges semblent frappés d'inanité (p. 99), voués à la dissonance (p. 117 et 122) ; au mieux ils servent à saluer la lune (p. 99), à conseiller le silence (p. 117), pour finalement s'émietter dans la nuit (p. 122) : toutes ces paroles au discours direct sont en somme rapportées ironiquement. Et il en va de même, semble-t-il, des adresses. En effet, le séducteur des *Fêtes* – qui n'est pas plus Verlaine qu'aucun de ses autres masques – exerce sa rhétorique dans des genres et des registres différents. En parodiant les « Désespoirs amoureux » de Théophile de Viau, « Lettre » redéploie les clichés de l'épistolaire, « Dans la grotte » ceux du registre tragique et « En patinant » ceux du bucolique ; « Les Coquillages » tient du blason métaphorique, « À Clymène » est un madrigal[1] mystico-religieux sur un mode qu'affectionneront les Décadents. En même temps, ces adresses amoureuses sont le fait d'un phraseur qui en montre et en démontre plus qu'il ne ressent. Intitulée d'abord « Galimathias [*sic*] double », l'adresse « À Clymène » avec la sentimentalité qu'elle déploie serait donc aussi incompréhensible pour le locuteur que pour son allocutaire : « Ainsi soit-il ! », autant en emporte le vent ! Ainsi la rhétorique de « Dans la grotte » est-elle caractérisée par les figures de l'excès ; ses hyperboles tragiques, qui rappellent « À une femme » (*Ps.*, p. 44), annoncent aussi « Lettre », où Cyrus et Scipions laissent place à Marc-Antoine et à César, où Clymène devient Cléopâtre. Quant à l'amant d'« En patinant », il excelle à déjuger le passé (qui lui paraît « superficiel », « ridicule », « oiseux », *Fg.*, p. 107), expert qu'il est en cette rhétorique distanciée « de l'ironie et des lèvres pincées/ Et des mots où l'esprit sans l'âme triomph[e] » (*Po.*, p. 144) que blâmera *La Bonne Chanson :* il est un de ces « quasi/ Tristes », qui « n'ont pas l'air de croire à leur bonheur » (*Fg.*, p. 97).

Pourquoi cette défense contre l'ironie dès le début des *Poëmes saturniens ?* Sans doute « le rire est ridicule autant que décevant » (*Ps.*, p. 33), mais Verlaine a besoin du rire. En effet, si la douleur est autant que le bonheur « indicible » (*Fg.*, p. 122), on ne peut pas davantage y croire. Il faut alors – à défaut de la taire – trouver les moyens de s'en déprendre.

1. Non seulement par référence au « Madrigal, à Clymène » des *Cariatides*, mais parce que, avec sa construction syntaxique très marquée, il s'agit bien d'« un compliment ingénieux dit en quelques vers ». Banville ajoute que le genre n'a plus la même autonomie qu'« au temps des bustes en porcelaine et des bergères couleur de rose » (*Petit Traité de poésie française* [1872], rééd. Paris, Charpentier, 1883, p. 156).

Aussi, quand le poète exprime son drame, ce n'est jamais sans railler en même temps les moyens qu'il y met :

> Le Chagrin qui me tue est ironique, et joint
> Le sarcasme au supplice, et ne torture point
> Franchement, mais picote avec un faux sourire
> Et transforme en spectacle amusant mon martyre... (« Jésuitisme », *Ps.*, p. 62)

Les tourments amoureux deviennent donc eux aussi spectacle, le poète condamné à railler son propre tourment : déléguée à des truchements, sa souffrance devient souffrance en mention. On verra dans cette ironie une forme de pudeur, indissociable du nouveau lyrisme que cherche la génération post-romantique. On pourra le nommer « critique » ou « dégrisé » pour bien le distinguer du lyrisme effusif des romantiques. Comme la stylisation et le recours à des déguisements, l'ironie met à distance le pathos lyrique.

Le mouvement de « Pantomime » est rythmé par des variations de champ : quittant le point de vue railleur d'un narrateur extérieur à la diégèse – Pierrot « n'a rien d'un Clitandre » (*Fg.*, p. 98), Arlequin est un « faquin » (*id.*) –, dans le dernier tercet en focalisation interne, le poète nous fait partager la « surprise de l'amour » de Colombine, le vague sentimental qui l'envahit. Comme elle et comme l'interlocuteur de « Clair de lune », le poète a l'âme peuplée de fantômes et de masques, il « enten[d] en son cœur des voix » (p. 97). Que Verlaine se serve alors de ses personnages pour voiler sa propre effusion, certaines variantes le montrent. Dans la publication d'« En sourdine » dans *L'Artiste* du 1er juillet 1868, au lieu de l'avant-dernier vers « Voix de notre désespoir », on lisait « Plainte de mon désespoir ». Pour le cinquième distique de « Colloque sentimental », Verlaine avait d'abord écrit dans le ms. Zweig : « – Ton cœur bat-il toujours à mon seul nom/ Comme mon cœur bat à ton nom seul ? – Non ». On a vu l'importance des modalités du discours – à défaut du théâtre – dans les *Fêtes galantes*. Toute parole à la fois y voile et trahit le sujet. Cette polyphonie est lyrique au sens où l'entend Jean-Michel Maulpoix :

> Le « je » lyrique est un lieu articulatoire qui subsiste ou qui se reconstitue par-delà la « disparition élocutoire du poète ». L'effort de la poésie consiste à vouloir *prendre langue*, avec le monde, avec autrui, avec soi-même, voire plus précisément avec la quantité d'altérité que l'on porte en soi...[1]

1. *La Poésie comme l'amour. Essai sur la relation lyrique*, Paris, Mercure de France, 1998, p. 38-39.

La jeune femme de « L'Allée », celle de « Cortège » – mettons que ce soit, en robe à queue, la même du fait aussi de ce geste en commun – « froisse » (*Fg.*, p. 100) ici un mouchoir et là son éventail. Que l'on prête attention à la manière dont sont caractérisés ses doigts ou sa main, l'on voit celle-ci « gantée avec art » tandis que ses « doigts fluets » portent de « larges bagues » (*id.*). Ne peut-on lire dans le geste de froisser, sous l'artifice et le poids des parures, l'expression d'un mouvement de l'âme, sous le coup d'une blessure d'amour-propre (on sait que *froisser* a ce sens figuré), voire d'une angoisse ? Il est de ces crispations qu'on explique mal autrement que par l'état d'âme et d'être où l'amour nous met. Derrière l'artificiel des devis et des stratagèmes palpite la réalité de l'homme et de la femme, la conscience qu'a chacun de la dualité, celle des sexes bien sûr, mais aussi du corps et de l'esprit, du plaisir et de la souffrance, de la vie et de la mort. Derrière les personnages des *Fêtes galantes*, il y a Verlaine et cette conscience à fleur de peau qui fait la nécessité du lyrisme et de la poésie. Sa réponse à l'amour comme à la vie ne peut être univoque, elle est aussi complexe que le sujet lyrique, par nature éclaté. « Si *Fêtes galantes* nous apparaît comme une œuvre lyrique, écrit très justement Junko Fukuda, ce n'est sans doute pas seulement parce que ce recueil décrit le bonheur fugitif et la vanité de la vie : il nous montre comment le " je " peut être un objet énigmatique et insaisissable, difficile à localiser. »[1] À côté d'émois et de sentiments réattribués par l'ironie, le recueil frappe encore par son très fort potentiel érotique, travaillé lui aussi par la tonalité railleuse indissociable de cette réattribution.

ÉROS DANS TOUS SES ÉTATS

Fin décembre 1867, Verlaine publie à Bruxelles et sous un pseudonyme *Les Amies, scènes d'amour sapphique*. Ces six pièces tout en rimes féminines, aussitôt condamnées en mai 1868, mais qui seront reversées vingt ans plus tard en tête de *Parallèlement* (1889), témoignent en continu d'une sensualité, qu'on peut retrouver, quoique diffuse, dans *Fêtes galantes*. Dans ce même recueil de 1889, « La Dernière Fête galante » réclame « L'embarquement pour Sodome et Gomorrhe » (*Po.*, p. 508) :

1. J. Fukuda, art. cit., p. 76.

que la récurrence du motif des nuques (*Fg.*, p. 99, 103 et 105) témoigne ou non d'un goût pour la sodomie, l'univers à dominante hétérosexuelle des *Fêtes* est d'autant plus fragile qu'univoque.

De recueil à recueil, « Les Ingénus » et « La Chanson des ingénues » (*Ps.*, p. 63-64) sont deux prosopopées en contrepoint : leur différence ne tient qu'au point de vue, lucide des femmes ici, naïf des hommes là. En effet, la comédie du désir mise en scène dès *Poëmes saturniens* repose sur la même contradiction qui organise *Fêtes galantes*, entre la « candeur » des bergères d'une part et, d'autre part, leurs « pensers clandestins » et au-delà l'avenir de rouées qu'elles pressentent pour elles. Aussi les plis de leurs jupons sont-ils « ironiques », la robe qui se « détourn[e] » n'est-elle pas une robe qui invite ? Et si « les hauts talons lutt[ent] avec les longues jupes », c'est tant parce qu'ils s'y empêtrent que parce qu'à travers eux l'acuité du désir rivalise avec la pudeur. Le langage des « belles » est « spécieux », tout à la fois séduisant et trompeur. De là cette jeune femme dans « L'Allée », dont « l'éclat un peu niais de l'œil » (*Fg.*, p. 100) au dernier vers n'empêche qu'elle vient d'être implicitement donnée comme fine mouche, c'est-à-dire comme une rusée. L'allocutaire de « L'Amour par terre » n'est pas moins ambiguë, tout à la fois « touchée », elle aussi attristée par la fin d'un amour, et déjà l'« œil frivole » (*ibid.*, p. 120), réjouie par avance de tous les papillonnements qu'autorise une liberté retrouvée. De là l'« implacable » (p. 119) Colombine, puisque le troupeau qu'elle conduit en bergère sûre de ses charmes n'est pas moins promis aux « désastres », pas moins soumis à l'influence « des astres », que ne l'est le poète saturnien.

La candeur des ingénues (le latin *candor* signifie proprement « blancheur éclatante » et « chaleur brûlante »), autant que la blancheur de leur vêtement, connote fortement le corps érotique : les ingénus se régalent à voir « lui[re] des bas de jambes », des « éclairs soudains de nuques blanches » (p. 103). Que dire alors de ce « baiser sur l'extrême phalange/Du petit doigt » (p. 101) ? n'est-il pas érotique dans son incongruité même, aux limites du fétichisme ? Moment peut-être de rappeler ces belles lignes de Barthes :

> L'endroit le plus érotique d'un corps n'est-il pas *là où le vêtement bâille ?* Dans la perversion (qui est le régime du plaisir textuel) il n'y a pas de « zones érogènes » (expression au reste assez casse-pieds) ; c'est l'intermittence, dit la psychanalyse, qui est érotique : celle de la peau qui scintille entre deux pièces (le pantalon et le tricot),

entre deux bords (la chemise entrouverte, le gant et la manche) ; c'est ce scintillement même qui séduit, ou encore : la mise en scène d'une apparition-disparition.[1]

Même l'interdit a une fonction érotique : certes les « bas de jambes » sont « trop souvent/ Interceptés » (*Fg.*, p. 103), le négrillon porte-queue « soulève/ Plus haut qu'il ne faut » (p. 104) les pans de la robe, il n'empêche que ces lueurs réjouissent les ingénus et que le négrillon voyeur emporte de quoi nourrir ses fantasmes. C'est donc moins l'interdit qui importe à Verlaine que l'érotisme né de sa transgression. Si la chute des « Coquillages » – « Mais un, entre autres, me troubla » (p. 105) – est aussi efficace, ce peut être qu'elle joue sur les sens propre et figuré du verbe *troubler*. Confronté à l'« origine du monde »[2], l'œil de l'amant n'est pas moins affecté que son esprit : une même confusion dans le madrigal « À Clymène » conduit l'amant à présenter la voix de l'aimée comme une « vision » qui « trouble l'horizon/De [s]a raison » (*Fg.*, p. 114). Ainsi l'érotisme s'alimente-t-il davantage à l'imprécision, à cette esthétique de la suggestion qu'affectionne Verlaine. Comme le « pavillon à claires-voies » (*ibid.*, p. 110) des amants de « Cythère », chaque poème invite le lecteur à voir ce qui s'y trame, même si, semblables à la jeune femme de « L'Allée » face aux motifs peints sur son éventail, nous n'y trouvons souvent que ce que nous voulons bien y voir.

Pourtant, Verlaine sait aussi se montrer réaliste et trivial. N'est-elle pas réaliste, cette évocation d'une « nuque rose, courte et grasse » (p. 105), ne serait-ce que par contraste avec la chute de la *terza rima ?* N'est-elle pas triviale, l'exclamation d'« En bateau » : « Je mets/Mes mains partout désormais » (p. 111) ? Au vers 3 de « L'Amour par terre » (p. 120), l'adverbe *malignement* peut laisser croire un temps que *bander* à la césure est employé absolument ; ce jeu s'accommode d'ailleurs de la lecture triviale du titre à laquelle Verlaine semble nous inviter. Dans le même esprit, Arnaud Bernadet suggère de lire *mourir* et *rossignol* au sens que donne à ces mots

1. Roland Barthes, *Le Plaisir du texte*, Paris, Seuil, « Points », 1973, p. 19.

2. C'est le titre du tableau de Courbet (1866). Il se peut que Verlaine doive sa chute à « Image grotesque [Les lèvres roses] » de Mallarmé, publié la même année 1866 dans *Le Nouveau Parnasse satyrique du dix-neuvième siècle*. La négresse de cette scène saphique exhibe son sexe en « Avan[çant] le palais de cette infâme bouche/Pâle et rose comme un coquillage marin » (*Œuvres complètes*, éd. B. Marchal, Paris, Gallimard, « Bibliothèque de la Pléiade », t. I, 1998, p. 129) : pour le coup, Verlaine est plus suggestif...

le *Dictionnaire érotique moderne* (1864) d'Alfred Delvau[1] : si Tircis invite Dorimène à un commun orgasme, le rossignol qui s'égosille de « Fantoches » à « En sourdine » est d'autant plus *langoureux* que *rossignol* désigne le membre viril. Sachant qu'un poète pèse chacune des syllabes qu'il pose, rien n'interdit en effet d'imaginer que l'abbé de « Sur l'herbe » *se dévoile* aussi au sens propre et de trouver cela « scandaleusement divertissant »[2] ; rien n'empêche non plus de lire la noirceur de ses intentions lorsque, non loin d'un *vi[t]-comte*, le même abbé *con-fesse* (*Fg.*, p. 111), au prix d'une équivoque pareille à celle qui inspire à Rimbaud son pastiche zutiste, « Fête galante » : « Colombina,/ – Que l'on pina !... »[3]. On comprend que Jacques Robichez voie dans « les deux tiers » des *Fêtes* « un bréviaire de l'amour facile »[4], mais la verdeur reste chaque fois déléguée ou bien cryptée, aussi *correcte* qu'un jardin de Lenôtre – d'une correction toute parnassienne.

Dans « En patinant », la pièce la plus longue des *Fêtes*, l'amant adresse à son aimée une sorte de bilan tout en poussant son traîneau « Sur la glace » (autre titre biffé) : leur relation a évolué selon les saisons, « presque innocente » au printemps, passionnée « tant que dura la canicule », d'une « élégance » (*Fg.*, p. 107-108) raisonnée en automne et sur laquelle l'hiver venu on n'ose plus qu'à peine parier. De quoi les amants sont-ils dupes ? Est-ce uniquement de « manigances mutuelles » (*ibid.*, p. 106) ? Il est vrai que le commerce amoureux n'est rien sans les nombreuses stratégies déployées, au nombre desquelles en bonne place la rhétorique. Mais n'est-ce pas aussi l'impermanence du désir qui fait de l'amour un « jeu de dupes » (p. 103) ? Enfin, toute tentative de séduction n'est-elle pas désamorcée par sa visée même ? Si la fin de la cour amoureuse est le trivial

1. Arnaud Bernadet, *Fêtes galantes, Romances sans paroles* précédé de *Poèmes saturniens*, Gallimard, « Foliothèque », 2007, p. 140-141.

2. Le jugement et l'interprétation sont de Bornecque (*Lumières sur les* Fêtes galantes, *op. cit.*, p. 155). Robichez, qui récuse l'interprétation, n'en ajoute pas moins que les « quatre personnages envoient se coucher l'astre indiscret, car c'est d'une complète obscurité qu'ils ont, pour le moment, besoin » (*Op.*, p. 554). Il n'en faut pas plus pour appuyer l'idée que le Verlaine érotique des *Fêtes* est plus suggestif que directement référentiel. Il suffit d'ailleurs de lire les recueils pornographiques, *Femmes* ou *Hombres*, pour faire la différence.

3. *Album zutique, Œuvres complètes*, éd. A. Adam, Paris, Gallimard, « Bibliothèque de la Pléiade », 1972, p. 209.

4. *Op.*, p. 76.

coït, n'y a-t-il pas là de quoi railler, se railler ? C'est ce que semble dire cet échange de « Sur l'herbe » : « – Ma flamme... – Do, mi, sol, la, si./ – L'abbé, ta noirceur se dévoile ! » (p. 99). Deux réponses à la rhétorique amoureuse, deux manières de la dégonfler : les paroles en rappellent le motif véritable, la chanson en dit l'artifice, y propose une alternative. Il se pourrait même que ce soit, avant *Romances sans paroles*, la leçon des *Fêtes galantes*.

Lorsque, vingt ans après, Verlaine réexamine le recueil de ses vingt-cinq ans, il n'en retient que les affectations, l'expression édulcorée, dérisoire après coup, d'une première sexualité :

> Plusieurs parmi les très aimables poètes nouveaux qui m'accordent quelque attention regrettent que j'aie aussi renoncé à des sujets « gracieux », comédie italienne et bergerades contournées, oubliant que je n'ai plus vingt ans [...]. L'amour physique, par exemple, mais c'est d'ordinaire tout pomponné, tout frais, satin et rubans et mandoline, rose au chapeau, des moutons pour un peu, qu'il apparaît au « printemps de la vie ». (*Pr.*, p. 721 et 722)

La posture est claire : n'en déplaise à Mallarmé regrettant *Fêtes galantes* comme un « éternel bijou »[1], la comédie est jouée, il faut tourner la page. Combien cette poésie serait digne d'ironie toutefois, si elle ne faisait qu'esthétiser l'instinct ! Car c'est bien de comédie qu'il s'agit, mais d'une comédie grave. Le jeune poète n'y fait-il pas sentir déjà, sous le zinzolin, la cruauté « implacable » (*Fg.*, p. 119) du sexe ? « L'Amour par terre » rime richement, mais ironiquement, avec « Cythère » : les « mélancoliques pèlerins » (*ibid.*, p. 112) pour l'île enchantée ont vu la statue d'Éros choir ; sans doute a-t-elle entraîné Vénus dans sa chute... Dans le parc désolé des fêtes, le satyre seul s'érige encore :

> Vieux faune en l'air guettant ton dû,
> As-tu vraiment bandé, tendu
> L'arme assez de tes paillardises ? (« L'Impénitent », *Parallèlement*, *Po.*, p. 510)

1. Lettre de Mallarmé à Verlaine, 17 janvier 1881, *Cg.*, p. 688.

3

Romances sans paroles : *crise du discours et valeur du poème*

HENRI SCEPI

Romances sans paroles marque, à n'en pas douter, une véritable mutation dans la production poétique verlainienne : un saut qualitatif est accompli qui engage, plus largement, l'avenir de la poésie en décidant des orientations assignées au langage poétique approché dans ses structures les plus profondes. Verlaine était convaincu de l'originalité d'une écriture qui allait contribuer à redéfinir les formes et les enjeux de la diction lyrique en cette période encore dominée par les valeurs du Parnasse. Dans la notice qu'il se réserve dans *Les Hommes d'aujourd'hui*, il affirme : « Ce ne fut qu'en 1874 que *fusa*, pour ainsi parler, son volume peut-être le plus original, mais qui devait beaucoup plus tard faire son bruit dans le nouveau monde poétique : j'ai nommé les *Romances sans paroles.* » (*Pr.*, p. 766). À cette date (novembre 1885), la Poésie qu'on appellera bientôt « symboliste » ne sacrifie plus qu'au culte de la « Musique », nouveau paradigme esthétique auquel le recueil de Verlaine aura conféré une légitimité indiscutable, appuyé notamment par la publication en 1882 de l'« Art poétique », poème-manifeste qui ressaisit exemplairement les données poétiques de 1874.

Romances sans paroles est donc un livre pour les générations qui viennent, d'autant plus d'ailleurs que le présent l'ignore presque totalement. À sa parution, le recueil ne suscite aucun écho, sinon quelques lignes d'Émile Blémont dans *Le Rappel* et *La Renaissance littéraire et artistique*, revue qui avait accueilli, en 1872, les ariettes I et V du futur livre de Verlaine. Il faut dire que l'auteur célébré des *Fêtes galantes* est, depuis quelque temps, en disgrâce : son attachement résolument déclaré aux convictions républicaines et socialistes, réaffirmées pendant l'épisode de la Commune, ainsi que sa vie tumultueuse avec Rimbaud, riche en frasques et provocations, lui valent au sein des milieux (bien pensants) de la poésie et de l'édition une réputation qui fleure bon le soufre. Sa vie de couple avec Mathilde Mauté (épousée en 1870) chavire ; et c'est, incarcéré à la maison d'arrêt de Mons, après avoir tiré deux coups de révolver sur Rimbaud, que Verlaine reçoit les exemplaires fraîchement imprimés des *Romances sans paroles*. On n'aurait aucune peine à imaginer vie de poète plus paisible.

Nul doute que les poèmes qui composent le recueil ne résonnent, indirectement, des écarts et des excès d'une crise individuelle : d'un côté, l'épouse bourgeoise, incompréhensive, de l'autre, le poète adolescent, l'amant complice et exigeant qui engage Verlaine sur la voie d'une libération. Mais ces données d'ordre biographique alimentent une crise poétique qui constitue à bien des égards le fond même des *Romances*. Les figures antithétiques Mathilde/Rimbaud hantent une écriture qui est à la fois une expérience et une recherche. C'est pourquoi, sans céder d'aucune manière aux leurres d'une lecture « psychologico-biographique », il convient d'examiner les stratégies adoptées par Verlaine pour réassortir, dans l'espace de ce recueil, les éléments d'une poétique antérieure, qu'il s'emploie à invalider ou à requalifier. Une dimension largement autoréférentielle et autocitationnelle féconde ainsi le projet des *Romances,* qui renvoie la parole poétique à un champ d'exploration langagière et d'expérimentation formelle inédit qui fait de la « musique » l'alibi autant que la valeur du poème.

RÉSONANCES ET DÉFORMATION

Bonne ou mauvaise chanson

Il faut se garder d'une forte illusion de continuité : *Romances sans paroles* ne succède pas directement à *Fêtes galantes*. Entre les deux recueils s'intercale *La Bonne Chanson* (1870). Rassemblant des poèmes composés pour un grand nombre d'entre eux pendant l'été et l'automne 1869, ce livre confie à la poésie le soin de chanter l'exaltation du sentiment amoureux. Le recueil tout entier s'apparente à une offrande lyrique tendue aux oreilles et aux beaux yeux de Mathilde Mauté. Le poème, investi d'un vaste projet de séduction, joue l'aubade. La visée est célébrative, la chanson oscille entre le madrigal et l'épithalame. Or, en 1870, l'année où paraît *La Bonne Chanson*, Verlaine a pour ainsi dire d'autres vues : le péan n'est plus de mise. L'hypothèse très largement répandue, selon laquelle *Romances sans paroles* serait l'envers, négatif, voire défiguratif, du recueil de 1870 ne vaut que si on s'interdit de voir dans ce retournement le simple règlement d'une affaire de couple. Si renversement il y a, le fait est d'abord d'ordre poétique. Car c'est un certain type de langage, une rhétorique lyrico-sentimentale bien précise, que Verlaine entreprend de rendre nuls dans certains poèmes des *Romances*.

À ce stade s'impose un examen rapide du titre et de ses résonances immédiates. Le terme de « romance » manifeste certes le primat du musical (nous reviendrons sur cette question), mais il se démarque également de la « bonne chanson », c'est-à-dire du chant enthousiaste et euphorique. Car comme le dit Marmontel, la romance est une « chanson plaintive » (*Nouveau Dictionnaire pour servir de supplément aux Dictionnaires des sciences, des arts et des métiers*, 1776). La note élégiaque est donc de rigueur ; elle peut même virer au tragique, comme le rappelle Rousseau dans son *Dictionnaire de musique* (1768) : « Romance : Air sur lequel on chante un petit poème du même nom, divisé par couplets, duquel le sujet est pour l'ordinaire quelque histoire amoureuse et tragique ». Dans ces conditions, on peut avancer l'idée que *Romances sans paroles* ressaisit et retravaille la matière et la tonalité de *La Bonne Chanson*, en vue d'une perversion poético-esthétique : l'aventure amoureuse a fait long feu, et ne restent plus des sentiments éprouvés que l'amertume et le regret, voire la nostalgie d'un retour à l'ancienne histoire mais que l'on sait au demeurant impossible. Une telle hypothèse peut nourrir une lecture partielle mais pertinente du recueil ; elle se conforte par ailleurs des précieuses déclarations de Verlaine qui, en octobre 1872, confie : « Mon petit volume est intitulé : *Romances sans paroles* ; une dizaine de petits poèmes pourraient en effet se dénommer : *Mauvaise chanson.* » Plus tard, en décembre de la même année, il précise : « Je fais imprimer ici un petit volume : *Romances sans paroles* – il y aura dedans une partie quelque peu élégiaque, mais je crois, pas glaireuse : quelque chose comme la *Bonne chanson* retournée »[1].

Rossignols dans la nuit

Si le titre envisagé d'abord de *Mauvaise chanson* ne devait sans doute s'appliquer qu'à une partie du recueil (les douzains de la section « *Birds in*

1. Sur cette question, on se reportera à *Mu.*, p. 53 *sq.*

the Night » par exemple), on a pu considérer que son extension englobait tout le recueil. Ce qui, on le comprend, impliquait une lecture des *Romances* située dans la perspective d'une logique subversive. Tout doit au contraire inspirer de tenir en distance les démons de « la référentialité autobiographique ». Indéniablement, les poèmes de « *Birds in the Night* » construisent un discours de confession qui engage virtuellement un échange entre le « je » et une destinataire en qui il serait tentant de voir Mathilde. Mais rien, textuellement, ne permet de le confirmer. En revanche, il est licite d'y voir, non pas un chef-d'œuvre de mauvaise foi, mais bien une mise en œuvre possible de la poétique de la romance : évocation d'une histoire sentimentale vouée à un dénouement malheureux, que le poème tente de ressusciter, de même qu'il s'applique, au moyen d'une rhétorique argumentative-persuasive, de reconquérir l'aimée perdue : « Vous qui fûtes ma Belle, ma Chérie,/ Encor que de vous vienne ma souffrance,/ N'êtes-vous donc pas toujours ma Patrie,/ Aussi jeune, aussi folle que la France ? » (*Rsp.*, p. 145). L'ensemble de la section répond bien aux critères génériques de la romance, en tant que « chanson plaintive » et élégiaque ; sa caractéristique énonciative est de mettre en jeu un discours doté d'une forte tension allocutive que surplombe efficacement la fonction conative du langage. Le sujet du poème est donc bien ici l'interlocutrice, à la fois visée, dénoncée et rétablie dans toutes les ruses de l'apparence (« Je ne veux revoir de votre sourire/ [...] Et du piège exquis, rien que l'apparence », *ibid.*, p. 146). Contrairement aux jugements courants, cette section ne semble pas atypique dans l'économie poétique des *Romances sans paroles* : elle participe pleinement d'un dire mélancolique (certes ici renforcé dans ses composantes argumentatives) que la majeure partie des ariettes par exemple – d'ordinaire réputées si opposées à « *Birds in the Night* » – contribuent, dès l'entame du recueil, à orchestrer. La romance apparaît ainsi comme l'écho « retourné » de la « bonne chanson ». Le titre lui-même, inscrit grâce à l'anglais dans une espèce d'étrangeté, comme en négatif, plonge symboliquement le chant du poème amoureux dans la nuit ; il fait écho à une *terza rima* du poème XVII de *La Bonne Chanson* : « Isolés dans l'amour ainsi qu'en un bois noir,/ Nos deux cœurs, exhalant leur tendresse paisible,/ Seront deux rossignols qui chantent dans le soir » (*Po.*, p. 152). Mais ce chant nocturne semble définitivement perdu.

Le chant renversé

Le fait le plus remarquable réside sans doute dans ce travail de requalification du chant auquel donnent lieu les « romances ». De ce point de vue, « *Child Wife* » (là encore, référence empirico-biographique possible à la « femme-enfant », *Po.*, p. 147...) est riche d'enseignement. Le poème prolonge la veine de « *Birds in the Night* » mais en accusant la note agressive et vindicative : un inventaire de griefs accable la « lamentable sœur » (formule qui répond à « ô ma froide sœur » de « *Birds in the Night* », évocation oblique de Baudelaire) désormais vouée à la caricature (voir *Rsp.*, p. 152). Mais ce dont ce poème enregistre la perte n'est autre que le « chant » : « Vous qui n'étiez que chant !/ [...] Et vous bêlates vers votre mère – ô douleur ! –/ Comme un triste agnelet » (*id.*). Se figure ainsi, sous les espèces de cette métaphore banale de la femme identifiée au chant qu'elle inspire et incarne, comme une allégorie en creux, mais déprimée, de la « bonne chanson ». Selon toute vraisemblance, la mise en accusation de la femme aimée, dans le cadre d'un scénario qui s'ancre dans la vie événementielle de l'auteur, n'a de sens et de valeur que dans la mesure où elle entraîne une mise en crise, voire l'opération d'annulation d'une certaine rhétorique. On insistera dès lors sur le retournement du poème VI de *La Bonne Chanson*, qui célèbre « l'heure exquise » (*Po.*, p. 146) : moment d'harmonie et d'apaisement qui consacre l'union implicite des amants. Dans le recueil de 1874, l'ariette VIII (qui comporte six quatrains de vers de 5 syllabes, mètre court comme dans le poème ciblé de *La Bonne Chanson*) renverse très rigoureusement ce schéma harmonique par un travail de dénaturation ou de substitution des motifs (ainsi, ce n'est plus la lune qui « luit » mais la neige ; le ciel n'est plus le « firmament/ Que l'astre irise » mais un ciel « de cuivre/ Sans lueur aucune », *Rsp.*, p. 133, etc.). Ce n'est plus le même chant ; ou, pour être plus exact, la chanson a été renversée. De même, le poème XVIII du recueil de 1870, qui proclame « le mariage des âmes » et « l'union des cœurs », construit l'image à la fois fière et glorieuse du couple idéal : « couple ravi/ Dans l'extase austère du juste... » (*Po.*, p. 153). « Extase » (*Rsp.*, p. 125) est le mot accentué qui ouvre la section des « Ariettes oubliées » en donnant aux *Romances* leur clé musicale ; mais ici ce n'est plus du même ravissement qu'il s'agit (du serment de fidélité on passe aux frissons des étreintes), et la partition déroulée n'obéit plus aux mêmes principes d'harmonie poétique.

LE PRIMAT DU MUSICAL

Comme le dit Olivier Bivort, « Verlaine musicien, c'est presque un poncif »[1]. Il est vrai que le titre du recueil de 1874 (qui reprend en écho les *Lieder ohne Worte* de Mendelssohn) invite ouvertement à accréditer non seulement l'idée (en fait admise) que la poésie est voisine de la musique, mais aussi et surtout à valider le fait qu'elle n'est que musique, mélodie, air, chant, écho... C'est bien ce que souligne Émile Blémont dans son court compte rendu du *Rappel* : « C'est encore de la musique, musique souvent bizarre, triste toujours, et qui semble l'écho de mystérieuses douleurs »[2]. Car ce titre est d'abord instructif par ce qu'il dit refuser : les paroles, en tant qu'elles sont l'instrument d'un discours lié, construit, le support privilégié d'une dialectique voire d'une rhétorique. On pourra toujours rapporter ce refus à ce que proclame le poème « Art poétique » (rédigé en 1874 pour le recueil *Cellulairement*, mais publié en 1882) : « Prends l'éloquence et tords-lui son cou ! » (*Po.*, p. 327). Injonction qui ne va pas sans son pendant nécessaire et inaugural : « De la musique avant toute chose » (*ibid.*, p. 326). On discerne mieux ainsi une ligne de partage, qui isole une certaine conception de la poésie, éloquente, grandiloquente peut-être aussi, riche de tours emphatiques et démonstratifs. Verlaine marque sa préférence pour une autre espèce de verbe, résolument en retrait des développements souvent artificiels et oratoires du Parnasse. Il s'aventure ainsi dans l'ordre mouvant, jamais vraiment saisissable, des « lueurs musiciennes » (*Rsp.*, p. 126).

Le jeu des ariettes

La section initale, *Ariettes oubliées*, semble bien, à première vue, condenser toutes les potentialités mélodiques et rythmiques de cette nouvelle poétique ; elle apparaît comme le répertoire de « toutes lyres » (*ibid.*, p. 126), placé sous le signe de la modulation infinie, de la variation sans cesse continuée. Il importe d'observer dans un premier temps que quelques-uns de ces poèmes thématisent ouvertement le musical et l'ensemble de ses valeurs associées. Il ne s'agit pas tant d'une dominante lexicale que de l'affirmation d'une recherche : l'écriture poétique est en

1. *OB2*, p. 9.
2. Dans Bivort, *Verlaine*, PUPS, « Mémoire de la critique », 1997, p. 61.

quête de quelque chose, un objet fuyant, hésitant et improbable, qui est de l'ordre de la voix ou de la musique. La première ariette décline par exemple quelques-unes des dénominations possibles accordées à cet objet : « Le chœur des petites voix », « le cri doux », « cette plainte dormante », « l'humble antienne » (p. 125). En l'absence de toute certitude et de toute fixité (« fin refrain incertain », p. 129), le discours multiplie les formulations, il précise l'imprécis en opérant des glissements et des rapprochements analogiques. Mais cet « air bien vieux, bien faible et bien charmant » (p. 129) – objet privilégié d'une interrogation insistante dans l'ariette V – n'est pas dissociable d'un plan intérieur impossible à circonscrire, l'inconnu du sujet et du langage que les mots du poème, dans leur tremblotement même (voir ariette II), s'ingénient à cerner. Si bien que malgré l'abondance des termes qui disent l'inscription du musical dans le texte, la musique des ariettes n'est pas un thème : elle est l'ouverture du langage qui oscille entre l'âme et le cœur, balancement, va-et-vient, jeu métaphorique de l'escarpolette, et, pour être plus net encore, « œil double » du poème, ainsi que l'atteste par exemple l'ariette III : « Il pleure dans mon cœur... ». Le tour unipersonnel (calqué sur la forme « Il pleut ») rend le moi comme étranger à lui-même tout en assignant au langage sa limite extrême. Car ce qui pleure en l'occurrence n'est rien que le « chant de la pluie » (p. 127) devenu musique d'un « cœur » qui échappe à toute espèce de maîtrise, tant rationnelle (« Ce deuil est sans raison ») que langagière. Un principe d'incertitude anime ces textes, qui s'appliquent à dénoncer l'impuissance des « paroles » à dire, à énoncer clairement et distinctement ce qui ne peut être formulé avec clarté. L'ariette VII est de ce point de vue révélatrice de cette tension permanente du discours affronté à ce qui le nie : le dialogue du cœur et de l'âme trahit l'échec de la compréhension autant que celui de la formulation. Ainsi les mots du poème n'ont-ils rien d'explicatif ou de logique : ils posent un « cela » ou un « c'est », comme dans l'ariette I, constat de pure présence dans le langage de ce qui est, mais dans l'indéterminé ou l'indistinction. Surgissement du musical comme l'autre de la langue, ou l'inconnu dans la demeure symbolique : tel apparaît bien cet événement poétique de la romance condensé dans la forme de l'ariette – un petit air en effet, léger, volatil, qui se dérobe à tout, entraînant avec lui la persistance du vague. Commentant le titre de son recueil, Verlaine dira que les *Romances sans paroles* sont « ainsi dénommées pour mieux exprimer le vrai vague et le manque de sens précis projetés » (*Pr.*, p. 901). Glose conforme au programme d'« Art poétique » et à la micro-théorie de la « chanson grise » où « l'indécis au précis se joint ». *Romances sans paroles* cultive indéniablement ce « je-ne-sais-quoi » qui déclare impossible la nomination tout en exaltant la grâce intrinsèque du chant[1].

Chanson poétique

Mais si la « méprise » des mots est constitutive du musical, du fait de l'hésitation qu'elle provoque, il reste que la musique du poème chez Verlaine est solidaire des composantes mélodiques et rythmiques de la chanson. Dès *Poëmes saturniens*, le poème se distingue par son inclination délibérée vers un genre réputé populaire, caractérisé pour l'essentiel par la simplicité de ses formes et les limites de son répertoire. En recourant à des mètres brefs placés dans des strophes hétérométriques (sizains), « Chanson d'automne » constituait de ce point de vue une réussite et une promesse. L'exploitation par ailleurs des ressources de la répétition ou de la récurrence de certains motifs (dans « Promenade sentimentale », par exemple, ou encore « Soleils couchants ») ne pouvait que conforter Verlaine dans cette poétique de l'effet poursuivie à travers le pouvoir « chanteur » des vers. *Romances sans paroles* prolonge cette recherche formelle et mélodique en étendant le modèle de la chanson à l'aire du poème. Du coup, le genre s'enlève à son origine populaire et à sa dimension collective en vue d'une refondation qui ressortit aux exigences de la création poétique individuelle. Telle est la chanson poétique ou littéraire, qui, dans le cadre d'une forme recherchée, usant de raffinements techniques, imite ou reproduit certains traits de la chanson populaire (refrains, patrons strophiques, schémas métriques, fredons, ritournelles...)[2]. Certains textes du recueil s'articulent sur une évidente logique de la répétition : reprise de strophes entières comme dans l'ariette VIII, présence de refrain comme dans « *Streets,* I » ou recours à la ritournelle comme dans « Bruxelles. Chevaux de bois », duplication de la strophe initiale en position terminale comme dans « Charleroi » et « *A Poor Young Shepherd* »

1. Voir Arnaud Bernadet, *Fêtes galantes, Romances sans paroles* précédé de *Poèmes saturniens*, Paris, Gallimard, « Foliothèque », 2007, p. 127.

2. Sur cette question, voir Daniel Grojnowski, « Poésie et chanson : de Béranger à Verlaine », *Critique*, n° 243-244, Paris, Minuit, 1967, p. 768-783.

– ou bien reprise de mots et de groupes de mots, comme dans les ariettes III et VII. L'ariette VI en revanche se présente comme un centon ou assemblage de fragments de chansons populaires et renoue avec la dimension collective du genre. La voix individuée du locuteur se dissout dans une pluralité de refrains et d'accents qui rythment une mémoire anonyme. Mais Verlaine y réinsère tout un maillage de références littéraires : allusion à *Jean-François Les Bas Bleus* de Nodier et à Angélique et Médor du *Roland furieux* de l'Arioste.

Le choix du genre de la romance attire cependant la chanson dans une sphère formelle qui ne semble plus dominée par un faisceau de stéréotypes. Car cette espèce de « chanson plaintive » et élégiaque regarde à la fois du côté d'un art simple et du côté du raffinement et de l'artifice. Cette alliance du naïf et du savant est sans doute la marque la plus saillante de la chanson verlainienne. Elle repose sur un éventail d'effets construits ou suscités par une recherche verbale et prosodique visant la ténuité. La simplicité est le fruit d'un travail. Elle peut aussi recevoir le nom de « nuance ».

L'ART DU NAÏF

L'ombre de Rimbaud

Des vers de Rimbaud composés en 1872, Verlaine écrit : « M. Rimbaud [...] travailla [...] dans le naïf, le très et l'exprès trop simple, n'usant plus que d'assonances, de mots vagues, de phrases enfantines ou populaires. Il accomplit ainsi des prodiges de ténuité, de flou vrai, de charmant presque inappréciable à force d'être grêle et fluet » (*Pr.*, p. 655-656). Le jugement peut être appliqué aux *Romances sans paroles*. On se doit dès lors de soulever la question de l'ascendant poétique exercé par Rimbaud sur Verlaine : nul doute que l'auteur du « Bateau ivre » n'ai incité son aîné à s'engager dans une voie encore inexplorée. C'est lui d'ailleurs qui lui communique une ariette de Favart en avril 1872. L'ariette III est précédée d'une épigraphe qui cite une phrase attribuée à Rimbaud : « Il pleut doucement sur la ville », proposition qui donne au poème son argument initial. Verlaine est conscient de la dette qu'il a contractée envers Rimbaud, à qui il entendait dédier, en signe de reconnaissance, *Romances sans paroles*.

Un même objectif anime de fait les deux poètes en cette année où Verlaine commence à rédiger les « Ariettes oubliées ». Rimbaud, qui est à Paris à cette période, écrit de son côté les poèmes qui seront rangés plus tard par les éditeurs sous le titre « Vers nouveaux » ou « Derniers vers ». On y discerne un travail de la forme poétique virant à la simplification et restaurant des modèles populaires, ce qui entraîne inévitablement par moments des effets manifestes de transgression ou de dénaturation des règles de versification notamment. Ainsi, dans « Bannières de mai », le premier poème du cycle des *Fêtes de la patience*, les rimes sont remplacées par des allitérations ou des assonances. De semblables altérations affectent les poèmes « L'Éternité » ou « Âge d'or ». Ce « tremblé » abolit ou du moins neutralise certaines contraintes telles que par exemple l'alternance prescrite des rimes féminines et masculines ou encore l'homographie finale pour les rimes au singulier/pluriel[1]. Pareilles infractions plaident en faveur d'une prosodie inédite du vers, qui valorise la composante phonique et musicale. Les textes des *Romances sans paroles* témoignent d'un même souci de libération : par exemple, l'ariette VI bafoue joyeusement la contrainte de l'alternance rime féminine/rime masculine, comme pour retrouver les timbres des anciennes chansons folkloriques, insoucieuses de ce type de règle, ainsi que Nerval l'avait rappelé dans *Chansons et légendes du Valois*. De même, l'ariette III est construite sur un schéma de rime ABAA, ce qui ne manque pas de poser le problème de la rime orpheline et des moyens mis en œuvre pour y suppléer[2]. Un autre aspect mérite d'être isolé, dans l'ensemble de ces recherches convergentes visant au naïf et au simple : c'est l'usage des mètres courts, que Rimbaud utilisa dans les vers de 1872. Verlaine avait certes déjà employé de telles structures métriques (le pentasyllabe dans *Poëmes saturniens* et l'heptasyllabe dans *Fêtes galantes*). L'émulation du moment le pousse sans doute à éprouver de nouveaux agencements : ainsi, en regard des poèmes composés en vers de 5 syllabes, il y a, dans *Romances*, « Walcourt » et « Charleroi » écrits, pour d'évidentes raisons rythmiques, en vers de 4 syllabes. Précisons en outre que ces vers brefs participent pleinement du matériel métrique de la chanson ; ce sont les instruments propices à l'essor de la simplicité, dans la mesure où ils méconnaissent les contraintes spécifiques (notamment la

1. Voir *supra* l'étude de Bertrand Degott, p. 59-60.
2. Voir sur cette question, *Mu.*, p. 243-285.

césure) liées aux mesures complexes. Ils obligent cependant à inventer de nouvelles lois d'harmonie, qui puisent dans la richesse sonore des mots et les variations de la syntaxe.

Simplicité et sonorité

La recherche du simple et du naïf doit être également interprétée comme une tentative d'effacement ou de réduction des pouvoirs de la parole, au sens où nous l'avons définie plus haut. Les *Romances* peuvent être rapprochées du projet rimbaldien des « études néantes », poèmes sur rien, dont les vers écrits en 1872 semblent donner la mesure. Adossée nécessairement au modèle de la chanson et aux variations de son appareil métrique, une telle recherche favorise cependant le redéploiement du chant dans l'espace remanié du poème, comme le montre par exemple la première des « Ariettes oubliées ». Le travail sur la matière sonore à l'intérieur du vers outrepasse très largement les consignes parnassiennes (on pense notamment aux remarques de Banville dans son *Petit Traité de poésie française*, 1872) relatives au respect de la rime. Si bien que la musique du poème repose sur un mécanisme de reprise et de récurrence modulée des motifs phoniques, tant consonantiques que vocaliques, dans l'ensemble des strophes. Dès l'ouverture du texte un glissement a lieu, qui donne pour ainsi dire la clé du fonctionnement prosodique de la phrase et du vers : la sifflante sonore [z] contenue dans « extase » se reporte à la rime (« langoureuse »), s'atténue au vers 3 en sourde (« frissons ») avant de se renforcer à nouveau en position finale des vers 4 et 5 (« brises » / « grises »). Cette modulation, en quoi il conviendrait de lire en bonne logique l'illustration même de la Nuance, se soutient par ailleurs des effets produits par la consonne labiodentale sourde [f] qui ponctue le glissement des [z] et [s] dans « fatigue », « frissons », et, dans la strophe 2, « frêle et frais », occurrences dans lesquelles on relève la liquide [r] qui structure le timbre des rimes 1-2 / 4-5 de la première et de la deuxième strophe. Par là, le discours poétique décentre l'attention : il capte l'ouïe (c'est le propre des « vers chanteurs »), et laisse en suspens, dans un état d'indécision totale, l'objet dont il se veut l'expression. Pas de « sens précis projeté » comme dit Verlaine lui-même, mais une invitation à poursuivre la signifiance poétique dans l'ordre mouvant de ses empreintes et de ses échos.

UNE POÉTIQUE DE LA DÉLIAISON

Itinérance et journal poétique

Ce mouvement se donne à lire dans l'organisation même du recueil. On aura observé que la plupart des poèmes sont datés ou comportent une indication topographique qui les réfère à un espace-temps déterminé, un ancrage empirique qui témoigne de l'inscription du biographique dans le champ de l'écriture poétique. Ainsi, la section entière des « Ariettes oubliées » porte le millésime : « mai, juin 1872 », et le dernier poème du recueil « *Beams* » est daté et légendé de la manière suivante : « Douvres-Ostende, à bord de la Comtesse-de-Flandres, 4 avril 1873 ». Ces mentions possèdent une évidente valeur pragmatique : elles orientent la lecture dans le sens d'une interprétation qui tiendrait compte des marges événementielles du texte, lieu où le poème s'écrit dans un rapport jamais démenti avec la vie de l'auteur. C'est là, on le sait, une des conventions de l'écriture autobiographique, qui repose sur un contrat d'adéquation ou de coïncidence entre le « je » narrant et le « je » narré. Si *Romances sans paroles* ne forme pas à proprement parler un récit, tout indique que Verlaine, en soignant les effets de datation, a cherché à suggérer ce type de lecture. Par là, il marque d'abord toute l'incidence poético-biographique de son aventure avec Rimbaud, le messager génial qui l'arrache aux impasses de la « bonne chanson » : la date des « Ariettes oubliées » signe cette libération ; celles qui figurent au bas des poèmes de la section « Paysages belges » retrace la fuite des deux amis en Belgique pendant l'été 1872 ; « *Birds in the Night* », qui porte la mention « Bruxelles-Londres – Septembre-Octobre 1872 », opère la transition topographique et biographique, car c'est le moment où Verlaine et Rimbaud gagnent la capitale anglaise. La section « Aquarelles » apparaît dans cette perspective comme une section londonienne : les quartiers de Soho et de Paddington y sont évoqués explicitement. « *Beams* » conclut le voyage et amorce le retour de Verlaine et de Rimbaud en France, par la Belgique. Il y a bien comme l'esquisse d'une chronologie événementielle qui introduit, en négatif dans la trame du recueil, l'allure d'un récit : récit autobiographique et symbolique qui narre (les poèmes sont bien là pour l'attester) une expérience d'émancipation poétique qui passe par une expérience existentielle et affective. Comme le dit Jean-Marie Gleize, *Romances sans paroles* forme « un calendrier et un itinéraire »[1]. À l'intérieur de cet espace-temps se dessine le cadre d'une espèce de journal poétique dans lequel se déclinent les différents aspects de l'expérience de déliaison esthétique à la fois évoquée et réalisée dans les poèmes du recueil. On pourra ainsi mettre en lumière – à travers les sollicitations spécifiques du voyage – les motifs de l'itinérance, de l'errance et de la quête : une recherche encore et toujours tournée vers l'inconnu des choses, le spectacle étourdissant du dehors. « Walcourt » et « Charleroi » donnent à entendre une autre musique : la cadence heurtée des impressions et des sensations se précipite dans une syntaxe brisée, de type nominale, qui calque ici la fugitivité des notes prises sur le vif, le geste immédiat du croquis instantané. Si « Walcourt » obéit plus à une logique de l'enseigne (de type publicitaire) dans la simplification extrême de ses motifs et la brièveté de ses quatrains, en revanche « Charleroi » apparaît comme une tentative de mise en ordre des phénomènes : le sujet percevant s'y manifeste mais par la voix d'un constat d'ignorance. Le monde qui se présente à lui ne renonce ni à son opacité ni à son pouvoir de résistance : « Quoi donc se sent ?/ L'avoine siffle./ Un buisson gifle/ L'œil au passant » (*Rsp.*, p. 137). L'interrogativité du poème ne faiblit pas.

Impressions, suggestions

Cette écriture de la coupure, de la juxposition des sensations et des motifs, a pu être qualifiée d'impressionniste – du fait précisément de la technique mise en jeu, qui refuse toute forme de composition en favorisant le démembrement des structures de la phrase construite. Une telle interprétation ne vaut que si elle intègre les données propres au système de la visualité dans le discours poétique. Quel est par exemple l'ancrage du point de vue ? Il est manifeste que les textes de « Paysages belges » sont des textes en mouvement : « L'allée est sans fin » qui défile dans « Bruxelles. Simples fresques II », « vers le château », le tournoiement vertigineux des chevaux de bois dans le poème qui suit... Mais c'est sans doute dans « Malines » et « Bruxelles. Simples fresques I » que la suggestion du dynamisme visuel est la plus intense. Ces textes condensent des impressions qui semblent recueillies depuis un train cheminant à

1. *A Noir. Poésie et littéralité*, Paris, Seuil, 1992, p. 55-67.

travers villes et paysages – ce que laissait d'ailleurs entendre « Walcourt » : « Gares prochaines,/ Gais chemins grands... » (*ibid.*, p. 136). Dans « Malines » la précision gagne : « Les wagons filent en silence.../ Le train glisse sans un murmure » (p. 143). Le paysage s'offre au regard comme un tableau aux éléments mobiles, tantôt rapprochés (« détail fin/ Du château.. »), tantôt éloignés (« Des frênes, vagues frondaisons,/ Échelonnent mille horizons... »). L'écriture, fortement déliée, traduit le mouvement de l'œil et le travail optique de l'accommodation aux distances. Le même phénomène peut être observé dans le premier quatrain de « Bruxelles. Simples fresques I », à cette nuance près qu'en l'occurrence la vue s'opacifie et se brouille : « La fuite est verdâtre et rose/ Des collines et des rampes,/Dans un demi-jour de lampes/ Qui vient brouiller toute chose ». Dans la section « Aquarelles », qui, par son titre même, invite à aborder le texte poétique sous l'angle du visuel, seul « *Streets*, II » (p. 151) peut être rapporté à une écriture qui vise à déplacer ses propres catégories dans une confrontation avec les éclats fugitifs du dehors. Le poème fait tableau, mais tableau moderne, perspective écrasée ou rabaissée, point de vue subjectif en mouvement (un peu comme dans les toiles de Caillebotte ou de Manet), paysage urbain saisi dans ses masses et ses volumes, sans souci du dessin et de la ligne.

Ainsi *Romances sans paroles*, recueil de la fuite et de la recherche poétique, mérite-t-il indiscutablement d'être lu et apprécié dans cette tension entre le pôle biographique (Verlaine-Mathilde-Rimbaud) et le pôle strictement verbal et musical que l'écriture s'attache à mettre en jeu et en scène. Car Verlaine – plus sans doute que dans « Art poétique » – est conscient de la valeur de programme ou de manifeste moderne de ces textes qui, délibérément, se détournent des formes poétiques consacrées (le sonnet par exemple) afin de mieux accueillir les mélodies oubliées et les accents méprisés d'une culture naïve. C'est là la condition nécessaire d'une exploration sans précédent des ressources du poétique et de ses pouvoirs.

TROISIÈME PARTIE

Une « langue renouvelée »

À l'épreuve du poème

1

Dissertation : « Poésie, c'est délivrance »

SOLENN DUPAS

Sur l'un des exemplaires des Poëmes saturniens, *Verlaine avait noté cette formule de Gœthe : « Poésie, c'est délivrance ». Cette phrase vous semble-t-elle rendre compte des trois recueils au programme,* Poëmes saturniens, Fêtes galantes *et* Romances sans paroles ?

Lorsque paraissent les premiers recueils de Verlaine, l'héritage romantique se trouve mis en cause et la littérature subit ce que Mallarmé va bientôt appeler une « exquise crise, fondamentale »[1]. Les ressorts et les valeurs de la création lyrique nourrissent alors de nombreux débats. Une pléthore d'arts poétiques, de préfaces et d'avertissements rend compte de ce questionnement incessant. Au point que certains poètes manifestent une forme de scepticisme à l'égard de cette effervescence théorique. Dans un projet de « Préface » aux *Fleurs du Mal*, Baudelaire argue par exemple de son indolence pour prétendre contourner ces interrogations essentielles : « Qu'est-ce que la Poésie ? quel est son but ? »[2] Cet apparent détachement relève pourtant de la prétérition. En effet, Baudelaire ne résiste pas à la tentation d'esquisser sa propre conception de la poésie. Et surtout, il invite le lecteur à poursuivre ce questionnement en se penchant directement sur son recueil. Verlaine adopte une posture assez comparable. S'il prétend refuser systématiquement le geste théorique dans la *Critique des* Poëmes saturniens, son œuvre témoigne d'une réflexion continue sur la création et la réception poétiques. Ce cheminement l'amène à noter cette formule de Gœthe sur un exemplaire de son premier recueil : « Poésie, c'est délivrance ». Malgré son caractère lapidaire, cette définition est riche de

1. Mallarmé, « Crise de vers », *Œuvres complètes,* Paris, Gallimard, « Bibliothèque de la Pléiade », t. II, 2003, p. 204.
2. *Œuvres complètes*, Paris, Gallimard, « Bibliothèque de la Pléiade », t. I, 1975, p. 182.

présupposés et de virtualités interprétatives. Elle convoque d'abord l'image de l'accouchement, renvoyant la poésie à un processus d'extériorisation des souffrances. Cette délivrance peut également se concevoir comme le résultat d'une maïeutique permettant de retrouver l'harmonie et la plénitude au sein de l'écriture. L'œuvre est alors censée sublimer l'expression de douleurs intérieures dans un ordre transcendant, libérant le poète et ses lecteurs dans un même mouvement empathique. Cette conception semble alors rejoindre une approche romantique de la poésie, laissant à penser que Verlaine n'enferme pas Gœthe dans l'image d'un auteur classique. Mais sa propre démarche se distingue de celle de son aîné. S'il place bien son œuvre sous le signe de la mélancolie, l'horizon salvateur de la création ne semble plus aller de soi dans *Poëmes saturniens, Fêtes galantes* et *Romances sans paroles.* La question se pose alors de savoir comment Verlaine redéfinit les modalités et les valeurs de la poésie en prenant acte de cette fragilité, de cette précarité irréductibles. Il semble en fait envisager la définition de Gœthe dans une nouvelle perspective, assimilant la délivrance à un mouvement d'affranchissement des conventions littéraires. Renouvelant les modalités de l'expression lyrique pour créer des « fleurs nouvelles »[1], il revendique sur un mode réflexif la « liberté (la bonne, qui est l'indépendance) » (*Pr.,* p. 323).

UNE EXPRESSIVITÉ POÉTIQUE ANCRÉE DANS LA SOUFFRANCE

D'emblée la pièce liminaire des *Poëmes saturniens* place la parole « sous le signe SATURNE » (*Ps.,* p. 33), l'astre qui symbolise la mélancolie depuis la tradition antique. La perte de l'Idéal semble condamner le sujet poétique à une souffrance aiguë. Ce seuil annonce ainsi les réticences que Verlaine manifeste à l'égard de l'Impassibilité. Tout en mettant à distance l'approche sincériste de la création, il élabore une œuvre marquée par l'expression de l'angoisse et de la tristesse.

L'ascèse impassible en question

Certes l'« Épilogue » des *Poëmes saturniens* évoque les « Suprêmes Poëtes » qui composent des vers « émus très froidement » (*ibid.*, p. 93).

1. Baudelaire, « L'Ennemi », *ibid.*, p. 16.

Cette ascèse qui préserve l'œuvre de toute manifestation émotionnelle ou affective invite à envisager le sujet poétique comme une entité purement intellectuelle et philosophique. Mais on sait l'ironie que Verlaine déploie à l'égard de cette « Im-pas-si-bi-li-té toute théorique » (*Pr.*, p. 111). « Çavitrî » et « Un dahlia » sont tissés de modalisations parodiques qui soulignent ses limites. En sacrifiant la dimension subjective de la parole lyrique, ce principe menace de faire sombrer la poésie dans un académisme stérilisant[1]. Pour autant, Verlaine souhaite se démarquer de l'attitude « passionniste » qui tend à faire de l'œuvre un simple exutoire, où le poète déverserait spontanément ses passions et ses affres. S'il signe le seuil des *Poëmes saturniens* de ses initiales, si les *Romances sans paroles* comprennent des datations et des localisations proches d'une posture autobiographique, il ne cesse d'afficher sa défiance à l'égard de la « lyre poitrinaire »[2] et choisit de reconfigurer ses émotions personnelles afin de constituer une figure lyrique qui transcende son ancrage référentiel[3]. C'est en ce sens qu'il prend en compte le « tempérament, l'aspect humain » (*Pr.*, p. 608), explorant les manifestations douloureuses de la subjectivité.

L'écho des langueurs et des terreurs

L'œuvre accueille ainsi différents symptômes de l'angoisse. La peur de la finitude s'exprime d'abord de manière particulièrement dramatisée. Tremblant comme un « lâche » qui verrait des morts, le sujet du poème « Dans les bois » évoque un « morne et sinistre décor » peuplé d'assassins (*Ps.*, p. 76). Ses « effrois mystiques » se disent au sein d'une parole inquiète, particulièrement discordante. En témoignent notamment ces vers qui séparent le substantif « remords » de son épithète « Épouvantable » (*ibid.*) pour mieux souligner la charge affective qu'implique cet adjectif. Le poème « Cauchemar » manifeste ces affres plus violemment encore. L'usage des vers de 7 et 4 syllabes contribue à rendre compte du rythme heurté d'une voix travaillée par l'angoisse. Se réappropriant la ballade de Burger intitulée *Léonore,* le sujet exprime son effroi dans une allégorie. Dotée d'un sablier et d'un glaive, la figure

1. Voir *supra*, « De l'Impassibilité à l'art de la suggestion », p. 39-41.
2. Lettre à Edmond Lepelletier, 17 février 1889, *Co.*, t. I, p. 229.
3. Voir *supra*, « Poétiques du sujet », p. 36-39.

menaçante du « cavalier/ Des ballades d'Allemagne » (p. 47) incarne la mort qui hante ses songes. Cet imaginaire frénétique est encore mis en scène dans « Effet de nuit », qui évoque un « gibet plein de pendus rabougris/Secoués par le bec avide des corneilles » (p. 50). Dans un cadre gothique rappelant les décors sinistres du Romantisme noir, le poème remotive le souvenir de la *Ballade des pendus* de Villon pour extérioriser la terreur du sujet. Mais cette emphase macabre surtout manifeste dans les *Poëmes saturniens* est loin de constituer l'unique facette de la poétique verlainienne. D'emblée, la perte de l'Idéal et l'incapacité à habiter sereinement le présent se manifestent sur un mode moins spectaculaire. Délesté de tout arsenal frénétique, le sujet traduit une tristesse qui impose peu à peu son rythme obsédant. Dans « Le Rossignol », il compare ses Regrets à un cours d'eau « Qui mélancoliquement coule auprès » (p. 60). Le dépassement de l'adverbe par-delà la césure de ce décasyllabe contribue à lui seul à suggérer un débordement de tristesse. Cette désespérance habite également l'univers des *Fêtes galantes,* où les fantoches, ces « – Mélancoliques pèlerins », n'ont pas « l'air de croire à leur bonheur » (*Fg.*, p. 122). Dans les *Romances sans paroles,* le sujet de l'ariette III dit encore la « langueur », l'« ennui » et le « deuil » qui sourdent de son « cœur » (*Rsp.*, p. 127). Les récurrences lexicales et phoniques qui sous-tendent ce poème prolongent l'expression d'un vide existentiel. Elles entrent finalement en résonance avec les distiques de « Spleen », qui résument la propriété essentielle de ce mal-être consistant à voir toujours « Rena[ître] tous [l]es désespoirs » (*ibid.*, p. 149).

Un horizon maïeutique ?

Pourtant le sujet verlainien n'a de cesse d'interroger sa propre souffrance, de chercher à la comprendre. Dans « *Nevermore*, I », il interpelle son propre cœur pour l'inviter à se saisir du Bonheur. Mais ce dialogue intime débouche sur un constat d'échec. Les quintils encadrés par des vers répétés semblent figurer cet emprisonnement introspectif. Dans « L'Angoisse », le « je » se replie déjà sur l'examen de son âme pour la réifier en la comparant à un navire perdu dans la tempête (*Ps.*, p. 45). Multipliant les discordances entre le mètre et la syntaxe, cette parole traduit l'instabilité d'un être contraint à un mouvement de balancement infini, entre le « flux » de l'espoir et le « reflux » du désespoir (*ibid.*). Cet enfermement mélancolique se fait également entendre dans les *Romances sans paroles.* L'ariette III déploie ainsi une plainte dont le locuteur cherche à expliquer les causes : « Quelle est cette langueur/Qui pénètre mon cœur ? » (*Rsp.*, p. 127). Cependant les rimes du même au même semblent progressivement cloîtrer le sujet dans un double constat stérile, celui d'une absence de « raison » et celui d'une pérennité de la « peine » (*ibid.*). Plus dramatiquement encore, le locuteur scindé de l'ariette VII fait s'entretenir en vain son « cœur », siège de la sensibilité, et son « âme » *a priori* plus lucide. Mais ces deux instances qui génèrent un infini questionnement condamnent le sujet à une hésitation perpétuelle au sein des structures répétitives des distiques. Convoquant l'image du « piège » (*ibid.*, p. 132), le poème semble alors symboliser l'aporie de ce stérile retour sur soi.

Si ce dialogue intérieur paraît redoubler l'expression de la souffrance, on peut se demander comment le sujet se confronte au « chant qu['il] enten[d] hors de [lui] »[1]. En effet, la parole poétique peut s'ouvrir au monde et atteindre à un dépassement transcendant. N'est-ce pas cet horizon salutaire qui se profile dans l'« Épilogue » des *Poëmes saturniens,* lorsque le sujet se tourne vers un univers où « Tout, aujourd'hui, console et délivre » (*Ps.*, p. 91) ?

LA « PERTE D'AURÉOLE »[2] DE LA POÉSIE : UNE DÉLIVRANCE PROBLÉMATIQUE

Sans relâche, cette parole se confronte à des instances extérieures pour tâcher de déployer un dialogue fécond. Cependant ces expériences ne débouchent sur aucun dépassement véritable, sur aucune libération dans le sublime. Au point qu'on peut se demander si la singularité de cette création ne s'affirme pas dans le constat d'une inexorable précarité.

Les failles du dialogue amoureux

Dans « Vœu » et « À une femme », l'image de l'être aimé est associée à la douceur (*Ps.*, p. 41) et à la « grâce consolante » (*ibid.*, p. 44). Entre ces

1. Hugo, « Préface » des *Voix intérieures, Œuvres poétiques*, Paris, Gallimard, « Bibliothèque de la Pléiade », t. I, 1964, p. 919.

2. Baudelaire, *Œuvres complètes*, t. I, *op. cit.*, p. 352.

deux pôles utopiques, « Mon rêve familier » met cependant à jour les limites d'un tel idéal. Certes le sujet évoque une nouvelle Béatrice en multipliant les parallélismes et les répétitions, comme pour mieux rendre compte d'une réciprocité et d'une empathie fusionnelle rêvées (p. 43). Mais cet horizon où la femme peut rafraîchir les « moiteurs » (*id.*) d'un front inquiet est en permanence ramené à son irréalité. Les modalités négatives et interrogatives disent l'impossibilité de donner des contours précis à cette amante imaginaire. Le poème décline une isotopie de l'absence, depuis le motif du rêve inscrit dans le titre jusqu'à l'image de la mort qui se dessine dans la proposition euphémique « que la vie exila » (*id.*). Loin de permettre une délivrance, ce chant de la perte éminemment évocateur creuse l'impression d'un manque. Les distiques de « Colloque sentimental » constituent peut-être l'illustration la plus tragique de ce désespoir. Ils déploient un dialogue entre deux figures spectrales qui semblent avoir rompu toute attache avec le monde (*Fg.*, p. 122). L'un de ces êtres tente d'établir un échange pour restaurer une communion perdue. Mais ses propos tissés de lieux communs idéalistes ne provoquent que des réponses négatives lapidaires, creusant l'expression d'une faillite irréversible, jusqu'au silence. Dans *Romances sans paroles*, « *Green* » vient remotiver ponctuellement l'image de la femme consolatrice. Sur le sein de la destinataire, le sujet rêve de « laiss[er] rouler [s]a tête » (*Rsp.*, p. 148) et de trouver la quiétude. Cependant ces vers sont encadrés par « *Birds in the Night* » et « *Child Wife* » où le dialogue amoureux se déploie sur un mode discordant. Dans ce second poème, le motif topique de la femme sororale, dont les yeux sont censés réfléchir un monde de douceur et la voix un univers apaisé, est systématiquement inversé (*ibid.*, p. 152). Cette Muse-Janus révèle en fait son visage de pathétique Furie. Loin d'autoriser une réconciliation salvatrice, le dialogue amoureux vient plutôt renforcer une sensation d'irrésolution et d'instabilité.

Paysage et spécularité spleenétique

Le sujet tente alors de s'ouvrir au « clavier »[1] de la nature pour tâcher d'y saisir des échos rassurants. Dans « Après trois ans », il marche sur les pas

1. Hugo, « Pan », *Les Feuilles d'automne*, *Œuvres poétiques*, t. I, p. 328.

d'Olympio, revenant sur un lieu autrefois fréquenté pour essayer de se réconcilier avec son passé. Mais une myriade de sensations ténues, comme la « plainte sempiternelle » du « vieux tremble » ou « l'odeur fade du réséda » (*Ps.*, p. 40) vient refléter un sentiment de perte et d'absence. Cette tentative d'extériorisation se heurte à une dynamique spéculaire qui empêche toute forme d'apaisement. « Crépuscule du soir mystique » unit le « Souvenir » et le « Crépuscule », l'intériorité et l'extériorité du sujet, pour les fondre dans une même évocation mélancolique. Si cette parole acquiert une force expressive résolument singulière, elle n'en condamne pas moins le sujet à un fatal vertige, « Noyant [s]es sens, [s]on âme et [s]a raison » dans une dynamique de dépossession (*ibid.*, p. 54). Cette logique aliénante se prolonge jusqu'aux *Romances sans paroles.* Le « paysage blême » de l'ariette IX vient ainsi renvoyer son image à un sujet « blême lui-même » (*Rsp.*, p. 135). La nature se fait alors l'écho de ses « désespérances noyées » (*ibid.*) à peine atténuées par le chant des tourterelles. Cette confrontation semble engendrer la progressive dilution d'un être condamné à « s'oublie[r] » (*Ps.*, p.53) au lieu de se retrouver. Le sujet ne se ressaisit que dans les silhouettes spectrales que son imagination enfante dans ces paysages. Les « fantômes vermeils » (*id.*) de « Soleils couchants », le « Fantôme laiteux » (*ibid.*, p. 55) de « Promenade sentimentale » ou les « spectres incertains » (p. 59) de « L'Heure du berger » constituent autant de représentations symboliques de son inquiétude. Mais ces formes vagues ne lui permettent pas de retrouver son unité, elles semblent au contraire souligner l'impression d'une inconsistance existentielle. Bien loin des conclusions enthousiastes d'Olympio, dont le dialogue avec le monde permet de muer la tristesse en confiance et en sérénité, Verlaine fait entendre une voix marquée par une ambiguïté, une fragilité jamais complètement abolies.

Une écriture sous le signe du tragique ?

Se condamne-t-il pour autant à subir les fatales lois d'une « Imagination, inquiète et débile » (p. 33) ? Il semble bien plutôt s'autoriser à jouer de l'ironie pour se réapproprier ce constat désenchanté. Dès *Poëmes saturniens,* il remotive par exemple l'isotopie spectrale associée à son esthétique du sujet. Dans la « Nuit du Walpurgis classique », la référence au *Second Faust* de Gœthe est ainsi traitée de manière distanciée. Cet épisode du drame allemand relate la rencontre du héros avec des personnages de l'Antiquité[1]. De son côté, Verlaine évoque simplement des figures fantomatiques dépouillées. L'arsenal mythique se trouve en fait déplacé dans le décor « Correct, ridicule et charmant » d'un « jardin de Lenôtre » agrémenté de « sylvains de marbre », de « dieux marins/ De bronze » et de Vénus (p. 56). Dans ce contexte dédramatisé, les ombres diaphanes continuent à être présentées comme des répondants possibles de « la pensée/ Du poëte ivre, ou son regret, ou son remords, » (p. 57). Mais cette association se fait désormais à la modalité interrogative et ses implications dysphoriques sont balayées par un dédaigneux « N'importe » (*ibid.*). Les « masques et bergamasques » (*Fg.*, p. 97) de *Fêtes galantes* illustrent tout particulièrement cette réappropriation distanciée du motif spectral. Ces fantoches « quasi/ Tristes » (*ibid.*) revendiquent en effet un *ethos* de la gaieté qui vient se surimposer à leur inquiétude, le temps d'une fantaisie. En se pluralisant dans des figures issues d'un imaginaire galant hétérogène, le sujet élabore un univers polyphonique dont l'artificialité proclamée se lie à la légèreté. « Dans la grotte » témoigne de ce refus du tragique en mettant en scène un amant apparemment désespéré. Cette figure peu héroïque renonce au péril du glaive, arguant de ce que les traits d'Amour ont déjà fait leur œuvre en perçant son cœur (*Fg.*, p. 102). Sa déclamation tissée de procédés rhétoriques et de clins d'œils parodiques met ludiquement à distance la menace de la mort pour louer ponctuellement les plaisirs du badinage amoureux.

À défaut de transcender l'expression du désenchantement, l'œuvre cultive des formes de distanciation salutaires. Elle témoigne de ce que Verlaine déplace les enjeux de la définition gœthéenne, prônant une libération créatrice qui permette de s'affranchir des académismes littéraires et de « trouver du *nouveau* »[2].

DES « FLEURS NOUVELLES » EN MODE MINEUR : UNE LIBÉRATION CRÉATRICE

Dans « *Il Bacio* », le sujet verlainien se démarque des figures de Gœthe et de Shakespeare : « Qu'un plus grand, Goëthe ou Will, te dresse un vers

1. Voir Jacques Robichez, *Op.*, p. 521.
2. Baudelaire, « Le Voyage », *Les Fleurs du Mal*, *Œuvres complètes*, t. I, éd. citée, p. 134.

classique. » (*Ps.*, p. 75). Sa posture de « chétif trouvère » (*id.*) lui permet d'affirmer une démarche esthétique singulière tout en inscrivant des valeurs éthiques au cœur de l'œuvre. Il assume la fragilité et le vertige qui traversent sa parole pour mieux se tourner vers une forme de délivrance réflexive.

De nouveaux horizons esthétiques

Si le sujet de « L'Angoisse » en vient à renier « l'Art » (*ibid.*, p. 45), son déni provocateur vise surtout cette majuscule qui tend à associer la création au sublime. Renonçant à jouer les « buveur[s] de quintessences »[1], Verlaine se propose de renouveler l'expression de la mélancolie en rompant avec les conventions poétiques. Pour ce faire, il confronte par exemple la parole poétique à diverses médiations picturales. L'eau-forte l'intéresse particulièrement, en ce qu'elle constitue un domaine artistique à l'écart des pratiques dominantes[2]. Loin de représenter un simple *analogon,* elle encourage un mode de création singulier. Verlaine se souvient notamment de l'art de Callot, qui cultive volontiers une manière bizarre. Or, on sait comment Baudelaire lie cette notion à sa conception du Beau dans *L'Exposition universelle de 1855*[3]. Dans « Croquis parisien », les « teintes de zinc » plaquées « Par angles obtus », les « toits pointus » et les « bouts de fumée en forme de cinq » (*Ps.*, p. 46) permettent de déployer une étrange évocation spleenétique. La singularité de cette dernière image, qui n'a pas manqué de choquer les contemporains, renvoie dans un clin d'œil ludique à la métrique elle-même peu commune d'un poème composé en vers de 5 syllabes et en décasyllabes 5-5. Au fil de l'œuvre, ces médiations plastiques continuent à marquer la parole poétique de leur empreinte capricieuse, au risque de heurter les habitudes des lecteurs. Dans *Romances sans paroles*, l'expérience du voyage permet ainsi de déployer une « série d'impressions vagues, tristes et gaies, avec un peu de pittoresque naïf »[4]. « Bruxelles. Simples

1. Baudelaire, « Perte d'auréole », *Œuvres complètes*, t. I, éd. citée, p. 352.

2. Voir Arnaud Bernadet, « L'Art, c'est bizarre...“ Caprices ” et “ Eaux-fortes ” chez Verlaine », *in* Guillaume Peureux (dir.), *Le Caprice, La Licorne*, Rennes, PUR, 2004, n° 69, p. 245.

3. Voir Baudelaire, *Exposition universelle (1855), Œuvres complètes,* t. II, éd. citée, p. 578.

4. Lettre à Émile Blémont, 5 octobre 1872, *Cg.*, p. 256. Il conviendrait ici de distinguer, en théorie et chez Verlaine, le pictural du pittoresque, littéralement ce qui *s'écrit à la manière des* peintres. Sur ce point problématique, voir la thèse de Nicolas Wanlin, *Du Pittoresque au pictural, valeurs et usages des arts dans la poésie française de 1830 à 1872 (A. Bertrand, T. Gautier, P. Verlaine),* Université de Paris IV, 2006.

fresques » renvoie par exemple à une technique picturale imposant de peindre rapidement sur un support mural avec des couleurs à l'eau[1]. Dans ces quatrains, le sujet emporté par la dynamique du voyage esquisse un paysage hésitant entre la stabilité et le mouvement. Les virtualités mélancoliques du paysage automnal se trouvent alors fondues dans une évocation où le « demi-jour de lampes » vient « brouiller toute chose » dans le « rose » et « l'or » (*Rsp.*, p. 139). Le poème n'échappe pas à une forme de dissonance marquée par les suffixes péjoratifs de l'adjectif « verdâtre » et du verbe « rêvassent » (*ibid.*). Il contribue à ancrer l'étrangeté au cœur de la parole nostalgique, sollicitant l'imagination du lecteur loin des grandes orgues poétiques.

Dissonances et allusions : le chant des résistances

Ces « étranges incorrections » dotées d'une « grâce »[2] singulière ne relèvent pas pour Verlaine de l'expérimentation gratuite. Elles invitent au contraire à prendre en compte l'inscription de la parole poétique dans l'Histoire. Exprimant son désenchantement sur un mode bizarre et dissonant, le sujet manifeste en effet son impossible consentement à un pouvoir illégitime qui tend à brider les libertés. Sa voix se rapproche des chants « nostalgique et révoltés » que les Grotesques entonnent pour célébrer en creux la mémoire des vaincus (*Ps.*, p. 51)[3]. Dans « Nocturne parisien », le son de l'orgue de Barbarie symbolise finalement l'horizon utopique de l'œuvre. Le « cri » de cet instrument populaire est à même de faire « vibrer l'âme aux proscrits, aux femmes, aux artistes » (*ibid.*, p. 80). À l'instar du poème verlainien, il s'inscrit à rebours d'un présent marqué du sceau de la tyrannie. Ce faisant, il invite le lecteur à se projeter vers « un pays des rêves » (*ibid.*) pour célébrer les libertés à venir. Cette poétique oppositionnelle n'est pas sans rapport avec le chant « des pensers clandestins » (p. 64) que Verlaine déploie dans son œuvre. De la « Chanson des Ingénues » aux allusions licencieuses de la première ariette, en passant par les équivoques grivoises qui émaillent *Fêtes galantes*, il suggère les pouvoirs de la sensualité et de l'érotisme en défiant les rigueurs de la censure. Sa démarche devient particulièrement audacieuse lorsqu'il

1. Voir *Mu.*, p. 378-379.
2. Huysmans, *À Rebours*, Paris, Garnier-Flammarion, 1978, p. 211.
3. Voir *supra*, « Mélancolies oppositionnelles », p. 49-51.

aborde la question de l'homosexualité. Le sort des *Amies* témoigne des contraintes alors imposées au nom de la morale publique et des bonnes mœurs. Ce recueil saphique publié clandestinement est en effet condamné en 1868, comme les poèmes lesbiens des *Fleurs du Mal* une dizaine d'années auparavant. Pourtant, Verlaine n'a de cesse de contourner ces obstacles en mettant en œuvre une expression oblique. Ainsi dans « Résignation », il évoque un assagissement des plus ambigus[1]. Nuançant son renoncement à la sensualité, le sujet poétique condamne « la femme jolie » et « l'ami prudent » (p. 38). Certes, cette accusation peut simplement viser les femmes dépourvues de beauté absolue et les amis manquant de dévouement sympathique. Mais elle est également susceptible d'atteindre plus généralement les femmes, même jolies, et les hommes refoulant leurs penchants homosexuels. L'hétérodoxie qui consiste à inverser l'ordre du huitain et du sizain semble alors le reflet formel de ce propos audacieux. Sans verser dans le cratylisme, on peut rappeler que Verlaine compose plusieurs sonnets où ce choix poétique se trouve motivé par l'évocation d'amours lesbiennes et de passions entre « Amis »[2]. Dans cette perspective, il cultive également de signifiantes entorses au principe de l'alternance des rimes. Les poèmes lesbiens des *Amies* sont composés en rimes entièrement féminines, comme l'ariette IV des *Romances sans paroles.* Dans ces vers, les instances féminines de l'énonciation rêvent de s'exiler « loin des femmes et des hommes » pour échapper à leur regard culpabilisant (*Rsp.*, p. 128). Si leur parole s'affranchit des conventions métriques, c'est donc pour tâcher de faire entendre ce que l'époque considère comme une inavouable « exception morale » (*Pr.*, p. 704).

Au risque des « goûts du public »[3]

Force est de constater que ces enjeux esthétiques et éthiques ne sont pas livrés au lecteur de manière simple ni immédiate. Le pacte que Verlaine conclut implicitement avec son public est bien loin de celui qu'Hugo formule au seuil des *Contemplations,* lorsqu'il invite l'humanité

1. Voir Steve Murphy, *Marges du premier Verlaine,* Paris, Honoré Champion, 2003, p. 189-198.
2. Voir le poème « Sappho » (*OB1*, p. 61) et « Henri III » (André Vial, *Verlaine et les siens,* Paris, Nizet, 1975, p. 31-32).
3. *Ibid.*, p. 600.

tout entière à se reconnaître spontanément dans le miroir de ses vers. Il se vante en effet de ne pas « hurler avec les loups », de ne pas « flatter » le public (*id.*). Jouant de la provocation et de l'allusion, il exige de son destinataire une capacité à « lire compétemment » (p. 846). Pour apprécier ses « fleurs nouvelles », ce lecteur doit d'autre part manifester une curiosité esthétique affranchie des horizons d'attente conventionnels. Lorsqu'il évoque l'œuvre de Rimbaud, Verlaine adopte lui-même cette attitude qu'il requiert de son public, en affichant son goût pour la surprise et la provocation : « N'est-ce pas tout ce qu'il faut ressentir à l'égard d'un volume de vers en ces temps affadis ? L'admiration, le charme et... quelque belle et bonne (c'est ici le cas) horrification ! » (p. 976) Plusieurs poèmes jouant d'une sorte de double destination contribuent à dessiner le visage de ce lecteur dans les trois recueils. À l'instar de l'allocutaire de « Sérénade », il est invité à accepter les notes discordantes d'une voix qui ne rechigne pas à jouer de modulations « aigre[s] et fausse[s] » (*Ps.*, p. 71). À l'inverse de la destinatrice de « *Child Wife* », il ne doit pas pousser d'« aigres cris poitrinaires » (*Rsp.*, p. 152) face aux orages de la vie et de la poésie. En creux, ce poème des *Romances sans paroles* montre que Verlaine court le risque de l'incompréhension dans son approche de la communication lyrique. Alors que la « littérature industrielle »[1] tend à conquérir un lectorat de plus en plus large, il assume une conception élitiste de la réception. Écartant comme Baudelaire le lecteur « paisible » et « bucolique »[2], il invente son propre public pour mieux affirmer son indépendance créatrice et partager les valeurs qu'il assigne à la création.

CONCLUSION

En prenant en note la formulation de Gœthe, « Poésie, c'est délivrance », sur un exemplaire de son premier recueil, Verlaine témoigne de son intérêt pour l'héritage des « Grands ». Mais son geste citationnel s'inscrit dans une démarche critique qui débouche sur une définition propre de la délivrance poétique. Si ses recueils ne célèbrent pas de libération existentielle sur un mode sublime, en revanche ils revendiquent

1. Sainte-Beuve, « De la littérature industrielle », *Pour la critique,* Paris, Gallimard, 1992, p. 197-222.
2. Baudelaire, « Épigraphe pour un livre condamné », *Œuvres poétiques,* t. I, éd. citée, p. 137.

un affranchissement créatif. Ils dessinent ainsi les contours d'une intersubjectivité placée sous le signe de la résistance et de l'utopie. L'œuvre se définit alors comme un processus, une tension, une aventure poétique. À ce titre, on comprend que l'auteur des *Poëmes saturniens, Fêtes galantes* et *Romances sans paroles* ait pu exercer une profonde fascination sur Rimbaud. Loin du double mythe qui voudrait opposer un chanteur englué dans la fadeur à un génial poète aux semelles de vent, ces deux auteurs singuliers ont en commun de concevoir la poésie comme une parole « *en avant* »[1].

1. Lettre de Rimbaud à Paul Demeny, 15 mai 1871, *Poésies complètes*, Paris, Le Livre de Poche, 1998, p. 154.

2

Explication de texte « Clair de lune », (Fêtes galantes), p. 97

Henri Scepi

Commentaire grammatical

Bertrand Degott et Arnaud Bernadet

« CLAIR DE LUNE » : POÉTIQUE DU *CAPRICCIO*

« Clair de lune » présente à tout lecteur de Verlaine un air connu : le poème semble dérouler une partition à première vue dénuée de difficultés et de surprises, dont la mélodie d'ensemble comme les nuances de détail peuvent paraître d'une relative simplicité. Une telle familiarité tient sans doute à la place privilégiée que ce texte occupe dans l'anthologie des « belles pages » de la littérature française, soumises à l'appréciation des élèves dans le cycle des études secondaires. Aussi convient-il, à titre méthodologique, de suspendre le savoir acquis sur ce poème qui en constitue comme la vulgate. Si l'explication de texte au concours de l'Agrégation, est l'occasion de mettre judicieusement en œuvre une culture littéraire et artistique assimilée, l'exercice se doit cependant de tenir compte de la spécificité du texte et des enjeux qui en font tout l'intérêt. De là, la nécessité de contextualiser ce poème et de le (re)lire de manière aussi approfondie et raisonnée que possible.

« Clair de lune » ouvre *Fêtes galantes* : ni préface ni prologue, il est ce qu'on serait tenté d'appeler le fronton du recueil. Du fait de sa position initiale, ce texte constitue un « seuil » : il pose les conditions d'une lecture (de lui-même comme du recueil dans son ensemble) à partir d'un certain nombre de critères interprétatifs. Cette opération cependant ne se fait ni sous la forme du commentaire ni sous l'angle de la justification argumentée. Car le poème ne jouit pas d'un statut de surplomb métadiscursif. C'est d'abord un texte qui se spécifie par un mode d'énonciation et une logique de la figuration dont la singularité doit être examinée dans toute l'extension de sa valeur poétique.

Originellement intitulé « Fêtes galantes » (dans la version publiée dans *La Gazette rimée* du 20 février 1867), ce poème liminaire apparaît bien comme nanti d'une fonction paradigmatique : il s'aligne sur le modèle générique illustré par la peinture de Watteau. Le nom du peintre était d'ailleurs mentionné dans la version primitive du texte, le vers 9 précisait en effet : « Au calme clair de lune de Watteau », comme pour expliciter sans ambiguïté le type de relation que l'écriture poétique engageait par là avec l'univers figuratif de la peinture. À partir de ces remarques, qui touchent aux leçons des variantes, une première hypothèse peut être formulée : quoique Verlaine ait veillé à effacer toute référence manifeste à Watteau et à son univers pictural (dès la republication du texte dans *L'Artiste* du 1er janvier 1868), le poème affiche sa dette. Cependant, il le fait sur un mode qui n'est ni celui de la transposition d'art ni même celui de la description. Le poème ne peint pas ; il évoque, suggère, associe librement des éléments et des motifs qui proviennent du monde rêvé de Watteau mais qui ne se réfèrent à aucun tableau en particulier. Ce type de composition libre porte le nom de fantaisie : une création verbale qui accorde au jeu imprédictible de l'imagination, de ses métamorphoses et de ses visions un rôle prépondérant – sans souci de conformité avec quelque plan de réalité que ce soit. Mais ce rêve fantaisiste inspiré de Watteau ne résume pas tous les enjeux du texte. « Clair de lune » n'est pas seulement le condensé d'une esthétique de la fête galante comme genre et univers imaginaire. Verlaine refaçonne des données fortement codées à l'intérieur d'un cadre qui en infléchit la coloration ou la résonance. La fantaisie de la vie festive et élégante se convertit en *capriccio* nocturne et mélancolique. Tel est bien le propre du caprice que de dépendre non seulement de l'inspiration libre, accentuant l'inclination subjective, mais aussi de l'humeur mélancolique, qui nourrit un rêve oblique ou divagant. « Clair de lune » réalise cette conversion attendue en faisant de la mascarade le masque d'un secret douloureux. Ce retournement constitue d'ailleurs le tournant du poème – par où la figuration s'explique et s'autodéfinit. Il se peut fort qu'une telle composition métaphorise également la poésie telle qu'elle apparaît ici thématisée sous les espèces d'un genre mélancolique si typiquement verlainien, la « chanson triste ».

Composé de deux phrases inégalement réparties sur les trois quatrains, « Clair de lune » joue habilement de l'asymétrie syntaxico-strophique (quatrain 1 : phrase 1 ; quatrains 2 et 3 : phrase 2). Mais ce déséquilibre fait sens, dans la mesure où il matérialise en l'articulant le tournant du texte. Si le premier quatrain installe une équivalence « âme » = « paysage choisi » qu'il s'emploie à définir en tant que scène visuelle beaucoup plus qu'à décrire en tant que paysage, le deuxième quatrain prolonge en la glosant cette situation imaginaire ; mais, dès les vers 7-8, s'opère un tournant par lequel la topique de la mélancolie est introduite et développée, par effet de reprise, dans le troisième et dernier quatrain, sous l'angle d'une figuration qui, à elle seule, ressaisit la forme entière du paysage mental et symbolique. Par là, les résonances et connotations du titre se voient confirmées.

Ce titre, « Clair de lune », que Verlaine adopte dans les conditions qu'on a indiquées, ne spécifie nullement l'univers de Watteau : il n'y a pas de clair de lune dans la peinture du maître de Valenciennes[1]. L'expression signale bien plus l'appropriation d'un domaine poétique tombé en partage depuis le romantisme : le clair de lune est, à l'époque où Verlaine compose ce poème et le réintitule, une vieille lune. Elle comporte une série de données, affectives et figuratives, qui ont force de fait culturel, voire de stéréotype comme suffiraient à le rappeler la célèbre « Ballade à la lune » de Musset ou encore « Le Clair de lune » d'Aloysius Bertrand dans *Gaspard de la Nuit*. Il y a toutefois de fortes probabilités pour que Verlaine se soit souvenu du dernier vers d'un poème de Victor Hugo qu'il affectionnait particulièrement, « La Fête chez Thérèse » : « Le clair de lune bleu qui baignait l'horizon »[2]. Quoi qu'il en soit, Verlaine réemploie une mention figée – une espèce de catachrèse poétique – dont il ne méconnaît ni la charge émotionnelle ni le pouvoir évocateur. C'est là l'amorce du paysage, une indication précieuse relative à sa qualité atmosphérique et lumineuse.

1. On pourra toujours nous opposer ici le décor au flambeau et sa lune opalescente, mordue par de noirs nuages, dans *L'Amour au théâtre italien* (dit aussi *L'Amour sur la scène italienne*), 37 x 48, *Staaliche Museen*, Berlin. Mais Verlaine détourne ici le Watteau solaire qu'exaltent prioritairement les Goncourt, et que vante encore Anatole France en rendant compte des *Fêtes galantes* (*Op.*, p. 551).

2. *Les Contemplations*, *Œuvres poétiques*, Paris, Gallimard, « Bibliothèque de la Pléiade », t. II, 1967, p. 524.

De fait, le poème s'ouvre sur une affirmation qui dessine, grâce au mot « paysage », une perspective visuelle et spatiale. Mais la catégorie est fortement déterminée : elle s'inscrit dans une dimension ouvertement analogique, qui fait du paysage la métaphore ou le reflet de l'âme, donc de l'intériorité, tout en la distinguant, par ses qualités intrinsèques, de la pluralité des paysages possibles. Une détermination symbolique doublée ainsi d'une détermination axiologique, l'ensemble étant affecté à un paradigme personnel marquant, à l'incipit, l'instance individuelle d'un destinataire promu objet du discours (« Votre âme...). Si une telle entrée en matière ressortit au genre du madrigal, du compliment ou de l'offrande, elle ne manque pas cependant de renvoyer ce type de paysage au rayon du *capriccio* justement défini, dans le champ des arts plastiques, comme paysage non naturaliste, soumis aux seuls lois d'une optique imaginaire et fantaisiste. Telles apparaissent par exemple les compositions de Piranèse. On comprend dès lors que le mot « âme » soit le terme sémantiquement accentué de ce premier vers ; on ne s'étonne pas également d'observer que la césure du décasyllabe est marquée après un proclitique (« Votre âme est un + paysage choisi »), ce qui contribue à accentuer l'article indéfini et à actualiser le sème d'unicité – point que confirme aussitôt la formule qui suit, elle-même placée, du fait de la césuration, en position de détachement. Du coup, l'épithète « choisi » condense à la fois les traits distinctifs et les valeurs électives de cette âme-paysage, à la manière dont Hugo dit, dans « La Fête chez Thérèse » : « On était peu nombreux. Le choix faisait la fête » (*op. cit.*, p. 522). Communauté d'âmes, convergence d'affinités spirituelles. Mais de quelle âme, de qui peut-il s'agir ? L'hypothèse qui semble la plus pertinente est celle du poème adressé, offert, à celui qui en est la source : Watteau. L'incipit du texte, par sa phraséologie même, participe pleinement de la rhétorique de l'hommage rendu au peintre des fêtes galantes, dont le nom certes a disparu de la version actuelle, mais dont on ne peut ignorer la présence, dans ce texte isolé, comme dans tout le recueil. Une telle hypothèse est validée par ailleurs par ce que les Goncourt disent de Watteau dans l'essai qu'ils lui consacrent : ce peintre ne célèbre pas simplement le règne de l'amour, l'élégance badine ou émue, il possède aussi une pensée, sa peinture est le reflet d'une âme. Watteau apparaît ainsi comme le créateur de « paysages idéalisés, des paysages atteignant, disent les Goncourt, dans leur composition poétique, un certain surnaturel, auquel l'art matériel de la peinture ne semble pas pouvoir monter : c'est là le caractère du paysage de Watteau »[1]. Or, ce type de paysage, idéalisé et surnaturalisé, n'est autre que le caprice. Tout concourt par conséquent à prêter à ce « vous », que le poème désigne et situe dans le cadre d'une relation élective, le nom absent de Watteau, auquel le quatrain va pouvoir à présent réaffecter les valeurs symboliques et les motifs figuratifs qui lui sont propres.

Les deux vers qui suivent, marqués par le tour duratif « Que vont charmant... », légèrement archaïque (voir *infra*, « question de syntaxe »), dévoilent non pas un paysage *stricto sensu*, mais bien des figures, des protagonistes types. La postposition du syntagme nominal « masques et bergamasques » concourt à porter l'accent à la quatrième tonique sur « charmant ». Mot clef en vérité, qui au delà du sème de l'enchantement (on pense aux *Isles enchantées* de Watteau, bien sûr), introduit le motif du chant, du *carmen* de la poésie. Ainsi, le paysage est solidaire des silhouettes fantaisistes qui le hantent et l'animent : la cohorte des types de la *commedia dell'arte*, à commencer sans doute par Arlequin et Brighella, personnages « bergamasques », c'est-à-dire originaires de la ville de Bergame. Par l'effet de rime interne, Verlaine superpose les termes, la duplication de « masques » renforçant ici la logique de l'apparence inhérente à la troupe des bouffons italiens. Mais ce renforcement est aussi le propre d'une poétique du caprice, qui n'hésite pas, grâce notamment aux artifices de la répétition, à multiplier les pirouettes fantaisistes et facétieuses. L'expression en l'occurrence est proche du jeu de mots, et il y a fort à parier que Verlaine ait rencontré « bergamasques » dans l'essai des Goncourt, qui écrivent à propos des *Gelosi* représentés par Watteau : « Un rire bergamasque sera le rire et l'entrain et l'action et le mouvement du poème »[2]. On serait tenté de dire que cet « entrain », le vers 3 du poème de Verlaine le suggère et l'organise, dans le jeu des coupes syntaxiques : « Jouant du luth, et dansant, et quasi ». Apparaissent ainsi, sur la scène visuelle du poème, certaines figures privilégiées évoquées par Watteau : les Mezetins (et leur luth)[3]. Sans recourir aux moyens rhétoriques de la transposition, le vers recueille et réassemble des éléments figuratifs qui

1. *L'Art du dix-huitième siècle*, édition de J.-P. Bouillon, Paris, Hermann, 1967, p. 75.
2. J. et E. de Goncourt, *L'Art du dix-huitième siècle*, *op. cit.*, p. 68.
3. Voir par exemple *Sous un habit de Mezetin*, huile sur bois, 28 x 21, *Wallace collection*, Londres ; *Mezetin*, huile sur toile, 55,2 x 43,2, *Metropolitan Museum*, New-York ; *L'Amour au théâtre Italien*, huile sur toile, 37 x 48, *Staatliche Museen*, Berlin.

n'ont de valeur qu'indicielle ou métonymique. Ces silhouettes, familières de tous les amateurs de peintures raffinées depuis le regain d'intérêt porté à Watteau, portent avec elle tout un univers de féerie et de rêve.

Mais cette évocation est nuancée : la discordance à l'entrevers (v. 3-4) signale, de fait, un décalage : « quasi/ Tristes... ». Si l'adverbe modalise l'incidence de l'adjectif, comme pour en atténuer la portée, il fait surtout valoir l'inscription du sujet qui se manifeste discrètement dans le tableau en orientant sensiblement la visée du discours. La bouffonnerie joyeuse des *Gelosi* n'est pas dissociable de cette tristesse, comme semble l'indiquer la construction syntaxique même qui, par effet de polyptote, raccorde les éléments de l'énumération pour mieux isoler le dernier, distingué par le rejet. De plus, l'adverbe « quasi » (qu'on doit prononcer [kwazi] pour d'évidentes raisons d'homophonie) consonne en régime de rime riche avec « choisi », tout se passant comme si l'expression de cette nuance participait pleinement du paysage élu ou de la scène imaginaire. Le « je » du discours (impliqué nécessairement par le « vous » figurant dans « Votre âme ») propose ici une interprétation des figures de fantaisie. Il s'agit de percer les apparences, de lever le masque : « Tristes sous leurs déguisements fantasques ». Rejeté au début du vers 4, l'adjectif engage le dernier mouvement de la phrase, qu'il entraîne du côté de la mélancolie, si bien que l'épithète « fantasques » entretient avec « Tristes » une relation sémantique que noue l'accentuation consonantique en [t]. Par là, c'est tout le réseau de la fantaisie ou du caprice qu'il importe de remotiver en fonction du motif de la mélancolie, dont l'inhérence n'est plus à prouver.

Ce premier quatrain met en place une figuration vouée à ressaisir, en quelques traits suggestifs et typiques, l'univers de Watteau. Mais c'est surtout le portrait d'une âme de peintre qui est offerte au lecteur : âme dont les Goncourt affirment qu'elle est mélancolique : « Watteau, le mélancolique enchanteur. [...] Watteau, le *Pensieroso* de la Régence ! » (*L'Art du XVIII*ᵉ *siècle*, *op. cit.*, p. 165). C'est à travers ce prisme que Verlaine voit et lit Watteau.

Prolongeant l'évocation initiale et la logique du *capriccio*, le deuxième quatrain tient sa pertinence fonctionnelle d'être tout entier consacré à une opération de conversion : tout en tirant parti d'une opposition syntaxiquement marquée entre l'apparence et l'être, cette strophe se caractérise par une énonciation de plus en plus subjectivisée, qui fait valoir une interprétation spécifique de la fantaisie, selon la grille mélancolique esquissée dans le vers 4 de la strophe 1.

On fera ainsi observer que le vers 5 relance l'énumération antérieure des formes en *-ant* (« charmant », « jouant », « dansant ») par « chantant » – terme qui reprend en écho le timbre vocalique [ã] tout en ressaisissant le paradigme sémantique de l'enchantement festif, ainsi que le suggère en outre la reprise de la même sonorité consonantique à l'attaque de « *ch*armant » et de « *ch*antant ». Mais dans « chantant », on relève aussi l'accentuation prosodique de « Tristes », par le glissement de la dentale [t] : un lien sémantique s'établit ainsi entre les deux termes et réduit leur apparente opposition. Le chant des *balli* apparaît contaminé par cette note de mélancolie sourde, qui en atténue l'éclat. De là, le « mode mineur », qui renvoie en musique au jeu de la tierce et de la sixte par rapport à la tonique. Sans entrer dans des considérations techniques, il importe de mettre en lumière ici l'inscription, par cette référence à l'art musical, d'une poétique de l'atténuation ou de la minoration qui peut être judicieusement rapportée, par reversement métapoétique, à la poésie verlainienne elle-même. Il est sans doute inutile de prendre appui ici sur l'« Art poétique » pour valider cette hypothèse. Il suffit de rappeler que ce mode caractérise les poèmes des *Fêtes galantes*, en ceci qu'il marque une distance, un décalage, entre le dire et le dit, entre l'apparence légère de l'image et son fond assombri, entre justement le mode du discours et son contenu premier et immédiat. Ce contenu est d'ailleurs synthétisé dans le vers 6 : « L'amour vainqueur et la vie opportune ». Deux valeurs qui affichent à la fois leur positivité et leur solidarité : l'accentuation consonantique en [v] et en [r] rend comme indissociables les deux syntagmes, si bien qu'ils peuvent apparaître ici comme les deux facettes d'un même idéal. C'est là, rappelons-le, une des topiques de la peinture de Watteau, ainsi que les Goncourt ont pu le souligner : une célébration des plaisirs de l'amour offrant l'image d'un bonheur délié de tout entrave, de tout interdit. Une utopie du sentiment. Si l'on peut reconnaître sous cette expression l'élan d'une libération propre à la sensibilité XVIIIe siècle (« l'amour vainqueur » est aussi cette puissance qui triomphe, dans une perspective libertine, des contraintes de la morale religieuse et sociale), notons aussitôt que la rime interne min*eur*/vainqu*eur* neutralise, par effet de contradiction, toute espèce de coïncidence ou de conciliation. Le mode mineur ne semble pas propice à l'exaltation joyeuse de l'amour, qui requiert d'autres gammes. C'est très précisément cette question qui fait l'objet des deux vers qui suivent et qui amorcent, au sein de cette longue phrase, le tournant du poème.

La proposition « Ils n'ont pas l'air + de croire à leur bonheur » repose sur un énoncé à forte valeur appréciative : le locuteur évalue ici, à partir d'un certain nombre de présupposés, une scène ou une image. Dans notre hypothèse d'analyse, il s'agira de l'imagerie utopique et idyllique de Watteau : les Mezetins, les *Gelosi* et la société galante au sein de laquelle ils prennent rang apparaissent, dans la logique évaluative de cette strophe, comme des acteurs, ou des masques plus précisément qui jouent la comédie badine du sentiment dans une distance entretenue avec l'idéal qu'ils sont censés incarner. Cet écart est souligné métriquement, grâce à la discordance à la césure : « Ils n'ont pas l'air... », l'accent étant porté sur le mot « air » : apparence, allure, certes, mais aussi et surtout interprétation du sujet parlant qui déchiffre et lit l'image (qui n'est qu'apparence sensible, air) au prisme de la mélancolie. Ces figures, silhouettes ou fantoches, renferment, sous des dehors carnavalesques, un secret douloureux. Telle est bien l'opération exploratrice du *capriccio*, sur laquelle Hoffmann insistera dans son hommage au graveur Jacques Callot : « Ces figures grotesques, écrit-il, [...] dévoilent au regard perspicace d'un observateur sérieux toutes les allusions secrètes qui se cachent sous le masque de la bouffonnerie »[1]. Le caprice n'est pas simplement acte libre et gratuit de l'imagination, qui peut toujours enfanter des chimères ; il est aussi une manière de déchiffrer un univers de signes traduits dès lors en symboles et en allégories. Nul doute, en outre, que dans cette figuration du chanteur lunaire, inspirée de Watteau, il n'y ait comme l'entrevision du poète, bateleur ou saltimbanque, possesseur néanmoins de la clé mélancolique qui lui garantit lucidité et discernement[2].

Ainsi, détaché ou presque d'un contenu avec lequel il ne coïncide pas, le chant n'est plus que mode : il se transforme en une « chanson » qui dit le bonheur tout en sachant qu'il est improbable ou impossible. Mélancolie ou conscience de la perte. C'est à partir de ce constat que, reprenant la logique métapoétique, l'analyse pourra examiner la façon dont Verlaine propose, dans le dernier moment du poème, un paysage qui fait corps avec le dire mélancolique. La figuration poétique métaphorise dès lors, non pas

1. *Jacques Callot* (1813), texte figurant dans *Fantasiestücke in Callots Manier.*
2. Voir Jean Starobinski, *Portrait de l'artiste en saltimbanque*, Champs-Flammarion, 1970.

un univers psychique, une âme, mais bien le cadre et le milieu de la chanson triste selon Verlaine.

Cette chanson est d'emblée confondue avec « le clair de lune » : non seulement une certaine qualité lumineuse et atmosphérique, propre au nocturne et propice à la mélancolie, mais – comme invite à le penser le programme du titre – une valeur poétique ordonnée à un cliché. Verlaine exploite ici une partition préfixée, dont il s'applique à sublimer les variations et les nuances. Tel est bien le jeu du caprice. Ainsi, la relance par anadiplose (et modulation) orchestrée à l'attaque du troisième quatrain, accentue prosodiquement les propriétés inhérentes au stéréotype romantique : « Au *c*alme *c*lair + de lune triste et beau ». La reprise de la consonne [k] en position initiale ne manque pas d'élever ici le « clair de lune » au rang d'une mention, formule à la fois réappropriée et exhibée comme telle, comme l'indique la césure qui vient briser l'unité de la locution. L'épithète « calme » ouvre le paradigme de la sérénité (sélénité ?) mélancolique, que corrobore le syntagme « triste et beau » venu en remplacement, comme nous l'avons dit, du complément « de Watteau » figurant dans la version primitive. L'anaphore de « triste » (écho de « Tristes » du vers 4) aligne la mélancolie sur le beau, nouant par là un lien esthétique, dont l'incidence ne peut qu'affecter le poème lui-même, lieu privilégié de cette alliance. La chanson triste avoue par là sa valeur. Cette perspective métapoétique se poursuit dans le vers suivant, où l'évocation des « oiseaux » qui rêvent suggère que le rêve vaut mieux que le chant – ou plutôt qu'il est le chant porté à son plus haut degré d'accomplissement. Le chant de la vie rêvée engendre une musique qui se figure, qui se donne à voir ; si bien que le quatrain, par un deuxième effet de relance (interne cette fois), précise les résonances de ce nocturne où les jets d'eau apparaissent comme le nouvel emblème de la mélancolie et l'artifice obligé d'une scénographie de fantaisie. Verlaine puise cette imagerie dans le poème « Le Jet d'eau » de Baudelaire, qui déploie tous les éléments de ce « Clair de lune » parfaitement intertextuel : « Le jet d'eau qui jase » « Entretient doucement l'extase/ Où ce soir m'a plongé l'amour » ; « La plainte éternelle/ [...] sanglote dans les bassins » ; « Votre pure mélancolie/ est le miroir de mon amour »[1]. Mais l'extase verlainienne est

1. Baudelaire, *Œuvres poétiques complètes*, Paris, Gallimard, « Bibliothèque de la Pléiade », t. I, 1975, p. 160-161.

sans objet ; elle se matérialise, par projection, dans l'élan aérien des fusées d'eau, qui montent d'abord pour mieux retomber. Mouvement en pure perte, qu'il faudrait sans doute rattacher à une symbolique phallique tout entière réinscrite dans une érotique de l'abandon et de la frustration. Car « Les grands jets d'eau sveltes parmi les marbres », s'ils sont doués d'un évident coefficient de positivité (« grands », « sveltes »), n'ont pour fond et support que le marbre froid d'un bassin qui recueille leurs larmes. Il est notable que cette ultime figuration s'esquisse sur une scène vide, dépouillée de toute silhouette, de toute présence. L'image se réduit à une expressivité fortement condensée, qui tient à la formule matricielle « sangloter + d'extase », groupe désuni par la césure : cet écart métrique marque à la fois la tension entre les termes et leur nécessaire association. Car dans « sangloter d'extase » se redéploie l'indicatif consonantique de la tristesse [t] qui resserre sémantiquement le lien de la jouissance et de la souffrance, de la joie et de la douleur.

Dualité fondatrice de ce caprice à la Watteau, que l'art de Verlaine élève au rang d'un art poétique. La fantaisie triste, le masque mélancolique fécondent un dire poétique pour lequel seule compte la Nuance, c'est-à-dire l'ambivalence d'abord, puis le *glissando* des tons, les échos des mots se réverbérant les uns les autres. « Clair de lune » peut donc être lu, dans ces conditions, comme une initiation à la poétique des *Fêtes Galantes*, recueil qui est d'abord une fête de la mélancolie sur fond de *capriccio* et de *divertimento*.

QUESTION DE SYNTAXE : ÉTUDIEZ LES MODES IMPERSONNELS DU VERBE

On entend par *modes impersonnels* les modes verbaux qui n'accusent pas la flexion de personne : infinitif, participe et gérondif, en effet, sont les modes impersonnels, mais aussi atemporels, du verbe. Le problème concernant ces modes est que, tout en restant partiellement des verbes, ils subissent aussi l'attraction d'autres classes grammaticales : du nom pour l'infinitif, de l'adjectif pour le participe, ou de l'adverbe pour le gérondif. Ce sont des « catégories mixtes »[1].

1. Sur ces questions, Pierre Le Goffic, *Grammaire de la phrase française*, Hachette Supérieur, 1993, § 18 et 19 et 301, et Martin Riegel, Jean-Christophe Pellat, René Rioul, *Grammaire méthodique du français* [*GMF*], PUF, rééd. 1998, p. 333-345.

L'infinitif

On relève trois infinitifs dans « Clair de lune » : *croire* (v. 7), *rêver* (v. 10) et *sangloter* (v. 11).

Comme catégorie régissante, l'infinitif est un verbe. Il en garde en effet la puissance nodale, c'est-à-dire la capacité à régir des compléments : *à leur bonheur*, complément obligatoire et pronominalisable par *y*, COI de *croire* ; *d'extase*, complément facultatif mais non déplaçable, circonstant de manière de *sangloter ; dans les arbres* et *parmi les marbres* sont à la fois facultatifs et mobiles à gauche respectivement de *rêver* et de *sangloter :* il s'agit de compléments circonstanciels non directement liés au verbe (compléments de phrase).

Comme catégorie régie, l'infinitif se comporte comme un nom. Le groupe *croire à leur bonheur* commute avec un GN attribut du sujet : *Ils n'ont pas l'air de gens heureux*. En commutant au niveau du verbe conjugué, on peut aussi identifier dans *avoir l'air de* une périphrase modale : *Ils ne semblent pas croire à leur bonheur*. Ces deux commutations attribuent à l'infinitif l'essentiel de la prédication. Dans la mesure où le « contrôleur » de l'infinitif (son sujet sémantique) est aussi le sujet syntaxique du verbe conjugué (*ils*), *croire* reste en effet le centre verbal de la phrase.

Quant à *rêver* et *sangloter*, coordonnés entre eux, ils appartiennent clairement à la périphrase *faire* + infinitif, qu'on appelle aussi tournure factitive ou causative (*GMF*, p. 229-231). Cette périphrase est dite diathétique ou actantielle, dans la mesure où elle dissocie la cause du procès exprimé par l'infinitif (*qui*, mis pour *clair de lune*, sujet de *fait*) et son agent (*les oiseaux* pour *rêver*, et *les jets d'eaux* pour *sangloter*, pronominalisables par *les*, donc COD de *fait*) : *faire* introduisant une prédication seconde entre son COD et l'infinitif, on parle parfois de proposition infinitive, mais la structure est comparable à une structure avec attribut du COD (*qui les fait riches*).

Le participe présent

On relève trois participes présents : *charmant* (v. 2), *jouant* et *dansant* (v. 3).

Comme verbe, tous les trois ont pour contrôleur *masques et bergamasques*. *Charmant*, transitif direct, régit le relatif COD *que*, mis pour *paysage ; jouant*, en construction indirecte, régit *du luth*, pronominalisable par *en*, COI ; *dansant* est intransitif.

Aller + participe présent est une périphrase aspectuelle, comparable à la forme progressive en anglais, au sens de « être en train de + *infinitif* ». Le participe appartient donc ici au centre verbal. (Cette forme en *–ant* reste cependant complexe : elle est susceptible d'une autre analyse, diachroniquement orientée, qui l'attache formellement plutôt à la classe du gérondif, v. *infra*). En revanche, la coordination avec le groupe adjectival *quasi tristes* montre bien que *jouant* et *dansant* sont à traiter comme épithètes liées de *masques et bergamasques*. Ce qui les distingue d'un adjectif qualificatif, outre la rection verbale, c'est leur invariabilité.

Le participe passé

Le participe passé *choisi* (v. 1) est ici employé comme adjectif, épithète liée de *paysage*. Il a le sens d'« excellent », voire d'« élégant ».

Le gérondif

L'occurrence de *charmant* peut recevoir une analyse comme gérondif, si on considère au plan diachronique les propriétés syntaxiques de la périphrase à laquelle il appartient. En effet, en toute rigueur, *aller* + *V–ant* est une construction qui date de la langue médiévale. Cette construction traduit alors le déroulement de l'événement dans sa durée. Comme le note Gérard Moignet, le verbe *aller* ne retient plus rien de spatial dans sa signification. Il devient alors compatible avec des verbes excluant l'idée de mouvement : « Ço qu'estre en deit, ne l'alez demeurant (= ne tardez pas) »[1]. Le linguiste ajoute que la chanson de geste fait grand usage de ce tour.

De fait, cette périphrase aspectuelle a ceci de particulier en français que le gérondif s'y présente dans sa forme ancienne, et se confond formellement avec le participe. Rappelons qu'au XVIIe siècle, le marqueur *en* devant le gérondif n'est pas toujours exprimé régulièrement[2]. S'il se développe, c'est toujours concurremment à la forme nue *V–ant*. Il ne s'impose véritablement qu'un siècle plus tard. Largement répandue au XVIe siècle[3], la tournure construite avec le verbe *aller* a reculé cependant dans la deuxième moitié du XVIIe siècle. À l'époque de Verlaine, elle est

1. *Grammaire de l'ancien français*, Paris, Klincksieck, [1973] 1988, p. 193.

2. Pour une mise au point, on se reportera à Nathalie Fournier, *Grammaire du français classique*, Paris, Belin, 1998, § 421-425, p. 291-297.

3. Georges Gougenheim, *Grammaire de la langue française du XVIe siècle*, Paris, Picard, 1984, p.135-136.

considérée déjà comme archaïsante, mais reste assez courante dans le domaine littéraire. Dans *La Pensée et la langue*, l'historien Ferdinand Brunot observait déjà que, depuis le romantisme, la périphrase durative/progressive jouissait d'un regain d'intérêt sous la plume des écrivains.

Les remarqueurs et observateurs classiques avaient cherché à réguler son emploi. En effet, cette construction a pu être utilisée avec des verbes n'évoquant en rien un processus de durée ou de progression. Anne Sancier-Chateau donne l'exemple suivant, assez singulier : « Des rochers qui vont décorant les campagnes »[1]. Les théoriciens imposent alors que la périphrase soit réservée aux verbes exprimant l'action. Dans *L'Astrée*, on la trouve donc par exemple avec *raconter, discourir, entretenir, ressouvenir, représenter, chercher*, etc. (Sancier-Chateau, *op. cit.*, p. 86).

Chez Verlaine, l'emploi de cette périphrase rend inséparables la dimension de la syntaxe et sa manière. Elle possède une telle systématicité dans l'œuvre, bien au-delà des trois recueils de jeunesse, qu'elle constitue un véritable marqueur du discours. On rapprochera ainsi l'occurrence de « Clair de lune » de « Résignation » : « Tout enfant, j'allais rêvant Ko-Hinnor » (*Ps.*, p. 38), mais aussi de « À la promenade » : « [...] Nos costumes clairs/Qui vont flottant légers » (*Fg.*, p. 101). Un autre exemple se trouve dans « Ariettes oubliées, II » : « Que s'en vont, – cher amour qui t'épeures, –/ Balançant jeunes et vieilles heures ! » (*Rsp.*, p. 126).

Certaines constructions prennent à revers, toutefois, cette habitude linguistique. En témoigne notamment « Croquis parisien » : « Moi, j'allais, rêvant du divin Platon » (*Ps.*, p. 46). À l'évidence, la présence du signe ponctuant dissocie les constituants normalement soudés de la périphrase. Elle met en cause, par ce moyen, le critère de cohésion et de coalescence qui la fonde grammaticalement, au profit d'une autre analyse syntaxique, l'emploi absolu du verbe « aller », lui-même fréquemment représenté dans le corpus verlainien. Il n'est que de songer à « Colombine » : « – Eux ils vont toujours ! » (*Fg.*, p. 119). Il n'empêche, le cas de disjonction, à la fois syntaxique et rythmique, que nous avons repéré dans « Croquis parisien », entretient une homologie manifeste avec la position dans le vers des mêmes constituants en structure réellement périphrastique. Reprenons l'occurrence désignée dans « Résignation », on se rend compte que le

1. Cité dans son *Introduction à la langue du XVII*ᵉ *siècle, Syntaxe*, Paris, Nathan, t. II, 1993, p. 86.

verbe fléchi occupe la position 5 du décasyllabe, et que la forme en *-ant* est, au contraire, rejetée après la césure : « Tout enfant, j'allais + rêvant Ko-Hinnor ».

Ce discret procédé, que Verlaine multiplie par la suite dans son œuvre, se révèle assurément moins conflictuel que l'usage de la virgule, laquelle défait la périphrase au profit d'une autre construction. On voit bien cependant qu'un *continuum* s'établit à plusieurs niveaux dans la syntaxe du verbe *aller*, d'usage en soi très fréquent chez Verlaine, au point de s'instituer en véritable marque et signature d'une poétique.

Dans « Clair de lune », la deuxième occurrence du gérondif, plus classique, est *Tout en chantant* (v. 5). Comme verbe, il régit le GN *L'amour vainqueur et la vie opportune* – pronominalisable par *les*, donc COD – et le groupe prépositionnel facultatif *sur le mode mineur*, qui est un complément de manière ; son contrôleur est *Ils* (v. 7), mis pour *masques et bergamasques*. La forme simple *en chantant* est ici renforcée par *tout*, ce qu'on peut considérer comme une marque de son fonctionnement adverbial. L'ensemble du groupe (v. 5 et 6) est facultatif mais non mobile : il a le sens d'une concessive introduite par *même si* ou *quoique*, qui est une subordonnée adverbiale. Dans cet emploi plus canonique, on peut considérer la forme en *-ant* comme une variante de l'infinitif après la préposition *en* (nié, le gérondif devient *sans chanter*).

3

Étude littéraire :
Une vraie poésie saturnienne après les « Caprices » ? D'« Initium » à « Il Bacio », p. 67-75.

Steve Murphy

UN RECUEIL À MOITIÉ AMORPHE ?

On a souvent déploré le manque d'organisation des *Poëmes saturniens*. Après quatre sections portant des titres, la seconde partie sans titre serait un fourre-tout ; on affirme ainsi que « c'est pour l'essentiel dans le cadre [des quatre] sections [« *Melancholia* », « Eaux-fortes », « Paysages tristes » et « Caprices »] que résonne la voix de Verlaine »[1]. L'emploi dans l'édition originale de pages de garde pour ces poèmes « trahit peut-être le souci d'étoffer un premier livre, encore mince »[2], l'inclusion même de ces poèmes confinant au remplissage, le jeune poète ayant raclé ses tiroirs poétiques. Mais les pages de garde relevaient des pratiques d'édition d'Alphonse Lemerre[3] et la publication des *Amies* en 1867 – six sonnets... – semble prouver que Verlaine n'avait rien contre la minceur des plaquettes...

Quand on dévalorise les *Poëmes saturniens* en comparant leur disposition avec celle des *Fleurs du Mal*, on oublie que les premiers comportent une structure plus nette que la plupart des recueils de l'époque ; du reste, en 1889 Verlaine imitera cette disposition dans *Parallèlement*. La symétrie entre la première moitié du livre (les poèmes liminaires et les sections pourvues de titres : 575 vers) et la seconde (la section sans titre et l'« Épilogue » : 565 vers) atteste un souci de composition proche de celui de Sully Prudhomme dans ses *Stances et poèmes* où, après un poème liminaire, la première partie « Stances » compte quatre sections, la seconde, « Poèmes », prenant la forme d'une suite

1. Martine Bercot, dans Verlaine, *Poèmes saturniens*, Paris, Le Livre de Poche, 1996, p. 14.
2. *Ibid.*, p. 7.
3. Comme le montre par exemple *Le Reliquaire* de Coppée, publié dit-on le même jour que les *Poëmes saturniens*.

continue de textes. « Stances » et « Poèmes » désignent respectivement des poèmes pourvus de formes strophiques et de longs poèmes généralement narratifs, descriptifs ou didactiques, disposés souvent en paragraphes. Verlaine avait annoncé en 1865 un volume intitulé *Poëmes et sonnets*. Dans *Stances et poèmes*, les « Poèmes » sont quatre fois plus longs en moyenne que les « Stances » ; chez Verlaine aussi la seconde section contient des pièces plus amples : à l'exception des textes liminaires et de « Nuit du Walpurgis classique », les seuls poèmes assez longs de la première partie compensent cette extension par l'emploi de vers courts ; la deuxième partie fournit des textes longs dont les mètres de base sont composés (4-6, 5-5 et surtout 6-6).

L'idée que l'on n'entend pas dans ces textes la « voix » de Verlaine part d'une surdité étonnante à la polyphonie. Comme on l'a relevé dès 1866, les voix d'autres poètes se reconnaissent jusque dans les textes dont nul ne conteste aujourd'hui l'originalité. La critique ne lit certains poèmes tenus pour des imitations dociles que par acquit de conscience, sous-estimant la causticité de cette poésie au second degré qui ne peut être jugée selon les mêmes critères.

Ne contenant aucune forme fixe, la dernière partie du livre commence par huit poèmes de dimension courte ou moyenne (de 12 à 31 vers), suivis d'un groupe de quatre poèmes dont trois sont longs (106, 54, 22 et 149 vers), différence perceptible renforcée par le fait que les poèmes les plus longs du début, « *Sub urbe* » et « Sérénade », sont écrits, le premier en octosyllabes et le second, avec une alternance de décasyllabes et de pentasyllabes. On se propose d'explorer ici les sept premiers poèmes.

LOGIQUES DE L'ÉTRANGER

Relevons d'abord une convergence unissant la majorité des poèmes de la dernière section : deux titres en latin, d'autres en anglais et en italien ; des titres désignant une chanson à étymologie italienne, un nom propre indien et une fleur provenant du Mexique dont le nom est celui d'un botaniste suédois ; plus loin, « Marco » et « César Borgia » sont des noms italiens et « La Mort de Philippe II » évoque un roi espagnol ; « Nocturne parisien » constitue certes une méditation sur Paris, mais le poème compare la Seine de la France impériale à d'autres rivières coulant à d'autres époques ; seul « Dans les bois » semble déroger à cette tendance. Certains titres antérieurs peuvent être rapprochés de cette titrologie (le premier « *Nevermore* », « Nuit du Walpurgis classique »), mais c'est dans la dernière section que le cadre intimiste et français, parfois claustrophobe, éclate. Il y avait certes le rêve exotique de « Résignation » et surtout une sorte de faux départ dans les « Eaux-fortes », du fait d'une imagination anachronique et anatopique (« Croquis parisien »), puis des paysages où le « Cauchemar » allégorique de la mort et une « Marine » inquiétante débouchent sur une scène d'exécution (« Effet de nuit ») et, enfin, sur l'image de « Grotesques » qui errent dans ce qui ressemble à une colonie pénitentiaire dans des marais tropicaux. La série récuse l'imagination solipsiste d'abord évoquée[1], pour rappeler un ailleurs qui n'est pas celui de quelque âge d'or antique, mais qui s'enracine au contraire dans l'Histoire contemporaine d'après juin 1848 et décembre 1851. D'où le lien entre ce paysage de « roseaux » exotique et les marécages de l'enlisement psychique des « Paysages tristes »[2], avant les très satiriques « Caprices ». Les éléments étrangers de la dernière partie du livre doivent moins à la maigre expérience touristique de Verlaine qu'à des visions ostensiblement livresques. Il s'agit pour le poète de se situer face aux mouvements culturels (le romantisme, le Parnasse) et aux poètes les plus marquants de l'époque, en revenant aux préoccupations métapoétiques du « Prologue ».

PORTRAIT DE L'ARTISTE EN JEUNE PASSIONNISTE

Après l'ironie polymorphe des « Caprices », « *Initium* » surprend par son apparente innocence. La « naïveté » de Verlaine – sa « simplicité » – résulte néanmoins d'opérations textuelles complexes et lucidement calculées. Dire que « le sens du titre (*initium*, début) est éclairé par le quinzième vers »[3] – la naissance de la Passion – simplifie la portée de ce titre. Comme « Après *trois* ans » est le troisième sonnet de « *Melancholia* »,

1. Comme le montre le titre « Croquis parisien », Verlaine s'inspire des « Tableaux parisiens », où le poème liminaire « Paysage » ferme les volets au réel tout en le montrant, par prétérition, avant que le sujet ne plonge dans l'expérience urbaine.

2. Voir Arnaud Bernadet, *L'Exil et l'Utopie. Politiques de Verlaine*, Publications de l'Université de Saint-Étienne, 2007, p. 111-122.

3. M. Bercot, *op. cit.*, p. 101.

« *Initium* » est le poème initial de cette partie du recueil. Le choix du latin conférerait un supplément de solennité à l'idéalisation d'une scène topique, à une époque où le premier bal était un rite d'*initiation* social, sentimental et érotique. On peut penser à *Sylvie*, où le narrateur montre comment, pendant un bal, naît un amour qui ne cessera de le hanter : du simple effleurement de sa joue par une mèche d'Adrienne. Comme dans les cercles magiques de cette danse folklorique chez Nerval et à l'instar de la paradoxale « Valse mélancolique et langoureux vertige » en chiasme d'« Harmonie du soir » de Baudelaire, la danse verlainienne tournoie, mais en se ralentissant. Aurait-on changé de danse, une « mazurque » *lente* succédant à une valse ? Ce n'est pas impossible, mais la raison essentielle est que le regard amoureux aspire à arrêter le passage du temps et de la femme. Les quintils *ababb* d'« *Initium* » ne font pas état d'un dénouement tragique ; ce n'est qu'en appliquant au poème la logique du *topos* destinal de la passante que l'on peut inférer que la femme a disparu de la vie du sujet lyrique : après l'imparfait nous plongeant dans le temps du bal, adviennent le passé simple de l'apparition de la femme – temps approprié à ce coup de foudre – et des imparfaits qui donnent une ampleur aux minutes évoquées ; tous les verbes de l'ultime strophe sont au présent et ils font part d'une adoration constante. La variation terminale affectant le troisième quintil, clivé par un blanc avant le dernier vers, figure et réalise, par cette clausule dramatisée, un temps d'arrêt. La danse du poème s'arrête et le souvenir se fixe comme en abolissant la temporalité : processus de sacralisation, signifié par des majuscules insistantes et les trois diérèses (en position *b*, donc terminale) de la dernière strophe.

Le *rire* des violons, que l'on a pu juger inapproprié, suggère le caractère enjoué de la danse, dévoilant la perception du sujet *avant* qu'il ait vu la femme ; ce rire peut aussi impliquer une distance critique face à ce lumineux défilé de clichés : le Verlaine de 1866, sensible à l'ironie des *Fleurs du Mal*, pouvait-il déployer *innocemment* cette innocence ? S'agit-il d'un poème de jeunesse ravaudé grâce à d'adroites modalisations ? Le texte est en tout cas moins ingénu qu'il ne le paraît. Tout ici est affaire de temps et de rythme, avec une réflexivité marquée : « rhythme + indolent comme un vers », « – Rime mélodieuse, + image étincelante. – ». D'où le scandale du vers « De son oreille où mon + Désir comme un baiser » : le déterminant possessif monosyllabique placé avant la césure produit un effet suspensif qui souligne le *Désir* du sujet, suivi à la rime du mot *baiser*.

Les discordances des v. 2-5 servent à figurer le tournoiement puis l'élan en avant du désir physique, avant que l'idéalisation pétrarquisante ne freine ce mouvement. La césure s'assagit, si ce n'est dans « Mon Amour entre, plein + de superstition. », un vers où le premier hémistiche (suggestif) met en relief le second, qui se termine, avant le blanc qui détache le dernier vers, sur le mot *superstition*, tous les mots à la rime de ce dernier quintil renvoyant à l'expérience spirituelle (*contemple*, *adoration*, *temple*, *Passion ;* cf. « Harmonie du soir » : *encensoir*, *reposoir*, *ostensoir*). Or Verlaine allait bientôt tourner en dérision la Passion du Christ (« Sur le Calvaire », *Po.*, p. 129) et *superstition* résumait en un mot sa réponse laconique à la question religieuse. D'autre part, il s'en est pris fin 1865 aux « Passionnistes » (*Pr.*, p. 606 et 608) dans le sillage de Baudelaire qui s'était attaqué à « l'hérésie de la *passion* »[1]. Il s'agirait d'exposer, avec un sourire peut-être nostalgique, un cas de sublimation naïve.

L'IMPASSE DES IMPASSIBLES

Tandis qu'« *Initium* » se termine sur le mot « Passion », « Çavitrî » irait dans la direction inverse : « Ainsi que Çavitrî faisons-nous impassibles » (*Ps.*, p. 68). C'est cependant en privant l'injonction de son contexte que l'on a pu faire de ce vers le parfait slogan de ces « Impassibles » qu'étaient, selon le sobriquet qu'on leur avait donné, les Parnassiens. Dans « La Beauté » de Baudelaire, si cette déesse est impassible, les artistes amoureux se tuent dans l'espoir de l'atteindre ; le recours à un sonnet, *a fortiori* libertin (quatre rimes et non deux dans les quatrains), infirmait l'hypothèse d'un manifeste néo-classique. Dans « Çavitrî », de même, la critique a pu méconnaître le sens de la morale que la troisième strophe tire de cette histoire. Car, après avoir prôné l'insensibilité devant l'Oubli (celui d'un public indifférent) ou l'Envie (la jalousie d'autres poètes en cas de succès), le dernier vers « Mais, comme elle, dans l'âme + ayons un haut dessein. » (*Ps.*, p. 68) subordonne cette impassibilité à une condition. En se limitant au thème du message, on se dit que le « haut dessein » consiste à atteindre la Postérité grâce à un chef-d'œuvre et qu'en attendant, il faut faire abstraction des aléas de la réception. Certes, mais Çavitrî s'est rendue

1. *Œuvres complètes*, Gallimard, « Bibliothèque de la Pléiade », t. II, 1976, p. 333.

impassible « Pour sauver son époux » (*id.*) : sa motivation est la Passion, l'impassibilité n'étant qu'un moyen pour arriver à ce but où il en va de « l'âme » (mot accentué par sa place avant la césure). Cette mise en garde a *pour cibles* ceux qui prêchent l'Art pour l'Art, surtout Leconte de Lisle et ses imitateurs. Sous couvert d'afficher une appartenance, « Çavitrî » s'en prend aux pastiches serviles (Mendès et d'autres imitant Leconte de Lisle qui imite les écritures hindoues sacrées[1]). L'emploi de noms propres indiens, la technique de l'apostrophe, les épithètes convenues, exhibent une rhétorique épique d'emprunt dans un poème dont la concision contraste tant avec les amples développements des prototypes de la poésie visée. Le vers « Rigide, ainsi que dit Vyaça, comme un pieu. » (*id.*) reprend une comparaison de l'épisode, que Verlaine avait pu lire dans la traduction de Pauthier, oncle de son ami Ricard, mais l'incidente « ainsi que dit Vyaça », désignant l'auteur putatif du *Mahâbhârata*, atténue moins qu'il ne la souligne la présence sous-jacente de l'expression *raide* (ou *droit*) *comme un pieu* dont l'emploi est communément péjoratif, visant ici la raideur physiognomonique de certains poètes parnassiens comme Leconte de Lisle, auquel on attribuait en effet une redoutable psycho-rigidité. C'est peut-être le potentiel comique du mot *pieu* qui a incité Verlaine à choisir l'épisode pour traiter ce sujet qu'on allait lire selon le mode d'emploi des *Poèmes antiques*, comme on l'a fait non moins naïvement pour des passages tout aussi parodiques du « Prologue » et de « Nocturne parisien ».

GLISSEZ, MORTELS...

Avec le poème en *terza rima*[2] « *Sub urbe* », on quitte le monde des « rais cruels » du soleil (« Çurya ») pour le « vent hiémal » (*Ps.*, p. 69) d'un paysage français plus proche de l'aire habituelle du romantisme noir que des territoires de l'impassible. Le froid n'est pas qu'une affaire de météorologie : il vient aussi de la conscience qu'ont ces mortels de leur

1. Dans sa *Critique des* Poëmes saturniens, Verlaine évoquera « Monsieur de Leconte de Lisle qui ne saurait prétendre à la fraîcheur de source d'un Orphée ou d'un Hésiode, n'est-il pas vrai ? » (*Pr.*, p. 720).

2. Les deux séquences de « La Mort de Philippe II » plus loin dans le recueil détachent nettement le vers terminal, ajoutant un tiret en début de vers au blanc vertical. Ici, Verlaine réduit plutôt ce décalage habituel.

avenir inéluctable. Le paysage est anthropomorphe, tandis que les fils, mères et veuves sont rattachés puis assimilés par un fil métaphorique aux éléments : leur silence ressemblant à celui « des fleuves », les parents en deuil « s'écoulent » (*id.*). Le « sol sous les pieds qui glisse et crie » (*id.*) prolonge les implications du titre qui, tout en suscitant l'idée de la banlieue (par l'idée des *suburbs* anglais, peut-être, mais surtout par l'adjectif français *suburbain*), désigne surtout ce qui se passe « sous la ville », au sens le plus vertical du terme.

Le sonnet caricatural « L'Enterrement » (*Po.* p. 125) se termine vers la même époque sur l'image des « héritiers resplendissants ! ». Dans « *Sub urbe* », un « froid lourd » comparé au remords « pén[ètre] » (*Ps.*, p. 69) les vivants, qui ont donc des choses mystérieuses à se reprocher. La « furie » des nuages qui « s'échevèlent » (*id.*) appelle la figure des trois Furies dont la vocation est de châtier les criminels, image de déploration colérique d'autant plus sinistre que les Furies avaient pour cheveux des serpents. Ces divinités du monde infernal d'en bas ont comme complice, dans leur mission punitive (visant notamment ceux dont les crimes ont été commis contre leur propre famille), ce sol vivant qui « glisse et crie » (*id.*). Le traitement fantastique de ce qui paraissait promettre un *pathos* conventionnel préside au « ton anormal » (*id.*)[1] de la vibration affectant les « croix de bois des tombes neuves » (*id.*). Malgré l'explication logique (le vent fait frémir les petits ifs idoines), on ne peut écarter un soupçon : et si ces croix frémissaient parce que les morts voulaient *revenir ?* Le lecteur de Poe se dirait que, s'agissant de tombes neuves, ces « endormis » (*ibid.*, p. 70) avaient dû être enfouis vivants. Surtout, leurs parents sont toujours vivants et les morts désirent les attirer dans leur ville suburbaine, d'où le désir d'un printemps susceptible d'apaiser « vite » (*id.*) ces « chers endormis » qui se réveillent trop souvent et dont l'adjectif est à lire par antiphrase.

CHARIVARI GOTHIQUE

Dans « Sérénade », Verlaine poursuit la référence macabre, parodiant les sérénades à l'italienne du romantisme des années 1820, tout en puisant

1. La leçon *anomal*, que l'on tient pour une variante authentique, n'était qu'une coquille, relevée dans les *errata* du premier volume du *Parnasse contemporain*.

dans l'humour noir du romantisme gothique. L'étymon italien de *sérénade* signifie « nuit sereine », mais le poème va frustrer l'attente du lecteur confronté à ce terme, avant de remotiver le titre *a contrario :* il s'agit d'une contre-sérénade – le mot a été utilisé par antiphrase, depuis le XVIIe siècle, pour signifier... « tapage nocturne » ! Par le biais d'une comparaison, ce chanteur que l'on imaginait sous un balcon se trouve certes en dessous, mais au « fond de sa fosse » (p. 71), tel l'un des dormeurs de « *Sub urbe* ». La femme est liée aux enfers par « le Léthé de [s]on sein » et le Styx de ses cheveux (notations très baudelairiennes, cf. notamment « Le Léthé »). En même temps, comme l'avait compris Sainte-Beuve[1], le mot *réduit* implique que la femme n'est pas au balcon, mais... au lieu d'aisances.

Avec sa rime *fosse :: fausse* – une rime fausse – Verlaine cite une rime de la « Comédie de la mort », dont il « emprunte » un peu plus que deux mots[2] : son humour rend hommage au poème de Gautier. Les deux quatrains répétés insistent sur cette « voix aigre et fausse » (*Ps.*, p. 71, une voix de fausset[3]), sur la nécessité d'ouvrir « [s]on âme et [s]on oreille au son » (*id.*) d'une mandoline discordante. Déplorant certaines césures de Verlaine, Sainte-Beuve protestait que « l'oreille la plus exercée à la poésie s'y déroute et ne peut s'y reconnaître » (*Cg.*, p. 102). Ce poème déconcerte l'écoute rythmique du lecteur grâce à la combinaison du 4-6 et du 5-syllabe, les unités métriques de 4, 5 et 6 syllabes étant trop rapprochées pour être aisément distinguées, d'où la méfiance des poètes lyriques devant de telles combinaisons, que Baudelaire avait cependant osé employer dans *Les Fleurs du Mal.* L'alexandrin s'associait au pentasyllabe dans « La Musique » et à l'heptasyllabe dans « Le Poison » pour figurer respectivement une nouvelle musicalité laissant une place décisive à la discordance et une perception brouillée, transmise au lecteur par une métrique empoisonnée[4]. La stratégie formelle de « Sérénade » convient à cette rhétorique de l'interpellation misogyne dont « Une charogne » était un exemple illustre, les termes idéalisants truffant ironiquement ce

1. Lettre à Verlaine, 10 décembre 1866 : « Je ne puis admettre le mot *retrait* (page 93) qui décèle une mauvaise odeur. » (*Cg.* p. 102).

2. « C'était un dialogue, et du fond de la fosse,/ À la première voix, une voix aigre et fausse/Par instant se mêlait. »

3. Comme l'a fait remarquer Brigitte Buffard-Moret, *La Chanson poétique au XIXe siècle (origine, statut et formes)*, Presses Universitaires de Rennes, p. 304.

4. Voir l'ariette oubliée IX qui s'attache à des illusions de perspective en faisant alterner le 6-6 et le 7-syllabe.

discours destiné à *repousser* la femme, pourtant qualifiée de « mon ange et ma passion »[1]. La logique de Verlaine est similaire : « – Mon Ange ! – ma Gouge ! » (*Ps.*, p. 72), *gouge* signifiant, comme dans « Danse macabre » de Baudelaire, « courtisane, prostituée ».

POÉTIQUE DE L'INODORE

« Un dahlia » commence justement par l'évocation d'une « Courtisane » (*ibid.*, p. 73). « Emblème, plutôt que symbole, de l'impassibilité dont Verlaine se fait le champion temporaire et studieux » ?[2] Ces quatre tercets typographiques, dont les deux sizains rimiques n'ont pas le même schéma[3], ont un déroulement rhétorique ambigu. Une première solution conduit à lire une alternance entre les tercets impairs et pairs, désignant respectivement le monde humain et le monde floral, cette division pouvant légitimer la séparation typographique des deux moitiés du sizain et la clôture syntaxique des tercets. Une autre solution consiste à choisir un autre type d'alternance : non deux apostrophes parallèles (« Courtisane... », « Fleur.... »), mais l'alternance du comparé (« Courtisane ») et du comparant (« Fleur »). Comme « Çavitrî », le poème se termine sur une morale, introduite par un tiret, lequel annonce souvent chez Verlaine l'imminence de la fin du poème. « – Ainsi le Dahlia » (p. 73) nommerait la fleur qui, mieux que toute autre, métaphoriserait la nature de cette femme. Le titre désignerait donc le comparant et non le sujet central du poème, cette unité analogique assurant la solidarité des sizains au-delà des blancs séparant les v. 3 et 4, puis 9 et 10. On a pu comparer ce poème à « La Beauté » et à « L'Impassible », poème que Glatigny avait dédié à Baudelaire et dont l'épigraphe est empruntée à « La Beauté ». Ces références ont induit en erreur les exégètes, victimes de la lecture « classique » du sonnet de Baudelaire et d'une réaction pavlovienne au titre du poème de Glatigny qui, quoique « parnassien », n'était guère un

1. Après avoir cité « Une charogne », Verlaine prolonge cette provocation en affirmant qu'il ne citera pas des passages montrant « le côté bestial » de l'amour « pour des motifs que comprendront toutes mes lectrices "qui veulent être respectées" » (*Pr.*, p. 602).

2. M. Bercot, *op. cit.*, p. 185.

3. Il faut sans doute supposer une organisation rimique en chiasme, le second sixain inversant celle du premier : [*abb acc*] [*cca bba*].

adepte de l'Impassibilité : n'allait-il pas ironiser sur *l'absence* de passion dans les *Poëmes saturniens ?*[1] En fait, si Verlaine se réfère à la « courtisane aux majestés cruelles » de Glatigny, à ses « yeux mornes » de statue qui « ont des regards pesants et lourds » – mais beaux – et à sa chevelure aux « parfums énervants », il le fait d'une manière antonymique car c'est avec un regard très différent que celle-ci « Élève sans orgueil sa tête sans odeur » (*Ps.*, p. 73). Comme dans « Crépuscule du soir mystique », où l'énumération « – Dahlia, lys, tulipe et renoncule – » jouxtant « la maladive exhalaison/De parfums lourds et chauds » (*ibid.* p. 54) se réfère à la dédicace des *Fleurs du Mal*, Verlaine évoque « L'Invitation au voyage » du *Spleen de Paris* où la « *tulipe noire* » et le « *dahlia bleu* » recherchés par les « alchimistes de l'horticulture » renvoient à *La Tulipe noire* d'Alexandre Dumas et au *Dahlia bleu* de Pierre Dupont, ces fleurs nouvelles ne résultant pas de la Création divine mais d'une genèse artificielle.

L'étrange masculinité de cette courtisane comparée au « Dahlia, roi... » et au regard de « bœuf » (et non de vache) apparaît dans l'expression « sein dur » (*Ps.*, p. 73), mais aussi dans l'absence de parfum qui contraste avec l'idée que le lecteur se fait de courtisanes abondamment parfumées. Dans *L'École païenne*, Baudelaire observait que la comparaison, élogieuse pour l'antiquité grecque, entre les yeux d'une femme et celles d'une vache, paraissait saugrenue chez les néo-païens de 1852. Loin d'être celui de la Beauté chez Glatigny, cet « œil opaque et brun/ S'ouvrant avec lenteur » (*Ps.*, p. 73) est celui d'un ruminant. Cette courtisane qui n'exhale aucun parfum est aussi « insensible à l'encens » (*id.*). Ce n'est plus l'insensibilité hautaine de la Beauté baudelairienne mais une incapacité de sentir *et* de provoquer des émotions : elle est de marbre et laisse de marbre[2].

Les rimes masculines du poème pourraient s'expliquer par le fait d'évoquer « une fleur au nom et aux caractères masculins »[3], de se référer à l'homosexualité[4] ou de relever un manque de féminité ou une féminité atypique comme chez Baudelaire, dans « Ciel brouillé ». L'odeur naturelle des foins (destinés aux bœufs...) apparaît comme une antithèse saine à cet art inodore. Et pour faire dissonner ces « impeccables accords », Verlaine se

1. Pour la recension de Glatigny, voir *Rv.*, n° 6, 2000, p. 232-236.
2. Pour reprendre les implications narquoises de l'« Épilogue ».
3. Alain Chevrier, *Le Sexe des rimes*, Paris, Les Belles Lettres, 1996, p. 206.
4. Solenn Dupas, « Le chant des " pensers clandestins " : poétiques obliques du désir dans les *Poèmes saturniens* », *in* Steve Murphy (dir.), *Lectures de Verlaine*, Presses Universitaires de Rennes, 2007.

permet à cet endroit une discordance d'un genre qu'il considère comme une invention baudelairienne (*Pr.*, p. 611) : « Déroule, mate, ses + impeccables accords. » (*Ps.*, p. 73) ; cet alexandrin n'autorisant qu'une lecture 6-6, mettant en relief le second hémistiche sémantiquement cohérent[1], on devine que Verlaine n'est pas vraiment séduit par ces « accords ».

JAMAIS PLUS... ENCORE UNE FOIS

Après « l'Idole » d'« Un dahlia », c'est l'idée même de vouer un culte que contesterait « *Nevermore*, II ». Avec le renvoi du titre au refrain du « Corbeau », mais aussi à toute une théorie de la création poétique (*The Philosophy of Composition* de Poe sous la forme importée par Baudelaire dans *La Genèse d'un poème*) et au poème homonyme de la section « *Melancholia* », ce poème peut suggérer une mort tragique (message du Corbeau) et des enjeux autobiographiques, ou la comédie d'émotions inventées pour susciter celles du lecteur. On a (trop) privilégié la première option en y voyant, comme dans « *Nevermore*, I », l'amour sans espoir pour Élisa. Verlaine reprend un système strophique qu'il avait commenté dans son essai de 1865 en notant que cette répétition de vers avait pour but de « peindre l'*obsession* » (*Pr.*, p. 611). Le vers répété diverge à cause de modifications de ponctuation (l'ajout d'un point d'exclamation au v. 5, de tirets aux v. 15 et 20) et du contexte nouveau mis en place par les trois vers intercalés entre les vers répétés, fidèle en cela aussi aux stratégies baudelairiennes.

Le poème commence par des injonctions que l'esprit du sujet adresse à son « pauvre cœur », « *[s]on vieux complice* » (avec des italiques qui peuvent renvoyer à une citation non identifiée), assailli par une « FATALITÉ » (*Ps.*, p. 74) qui sort typographiquement de la page (comme « SATURNE », dans « Les Sages d'autrefois... », *ibid.*, p. 33, et pour cause) avant cette sentence à rallonges : « Le vers est dans le fruit, le réveil dans le rêve./ Et le remords est dans l'amour : telle est la loi. » (p. 74). La fatalité s'exprimerait jusque dans ces paronomases en cascade, où la proximité des

1. Verlaine imite par le sens comme par le procédé formel un vers analogue de Glatigny dans « L'Impassible » : « Ont d'orage dans leurs + sérénités divines » ; d'où un paradoxe qui reprend celui de Baudelaire (« Je hais le mouvement qui déplace les lignes »), puisque cette Beauté parle de « l'étrange mystère/De la ligne et du rhythme + égal que rien n'altère ».

signifiants suggère quelque obscur décret du destin. Si le second vers peut autoriser une lecture ternaire : « Et le remords/est dans l'amour :/telle est la loi. », une lecture 6-6 s'impose (aussi) : « Et le remords est dans + l'amour : telle est la loi. », d'où une lecture suspensive mettant en relief *l'amour* ou – encore mieux ? – un accent d'insistance affectant la dernière des trois occurrences consécutives de la préposition, habituellement inaccentuée, *dans*. Le remords est *dans* l'amour, comme attribut intrinsèque au lieu d'être un phénomène qui s'y ajoute de manière adventice. Quel est ce remords ? Une trahison commise par le sujet ? Comme pour les remords de « *Sub urbe* », on ne le saura pas, mais « Dans les bois » évoquera à nouveau « un remords/ Épouvantable et vague » (p. 76), invitant le lecteur attentif à s'interroger sur ce motif récurrent.

Avec ses majuscules allégoriques, le sujet rattache son sort à celui de « l'Homme » (p. 74) ; sa rencontre avec un Bonheur anthropomorphe peut être interprétée d'une manière générale ou comme une allusion à « *Nevermore*, I » car si « Le Bonheur a *marché* côte à côte » (*id.*) avec ce sujet, le lecteur de ce « *Nevermore*, I » est amené par l'identité des titres à rapprocher ces poèmes et à postuler la coréférence : « Nous étions seul à seule et *marchions* en *rêvant* » (p. 39) – le réveil aurait été dans ce rêve. Maintenant que les premières fleurs ont fané, le sujet ne peut retrouver « le Bonheur, cet ailé/ Voyageur qui de l'Homme évite les approches » (p. 74) ; cette définition présente, en dépit des réticences romantiques, une double inversion (après « je l'ai/ Entre mes bras pressé »), l'antéposition de l'adjectif *ailé* étant dramatisée par le contre-rejet.

Citant Racine[1], le sujet propose au cœur de cueillir les fleurs qu'il aura lui-même semées aux « bords + béants du précipice », l'abîme suicidaire étant figuré par cette césure et dramatisé par l'insistance consonantique (*b...b...p...p...*) ; les grelots, clochettes et cloches montent en force avec un vent de folie (cf. « La Cloche fêlée » de Baudelaire où c'est l'âme qui est *fêlée*, au sens populaire). Les « autels d'or faux » (p. 74) sont des autels couverts d'or factice et des autels eux-mêmes faux ; les « arcs triomphaux » (*id.*) sont à redresser et repeindre parce que, depuis longtemps, le sujet n'a connu que des défaites, d'où l'inutilité pour cet « orgue enroué » d'entonner des « *Te Deum* splendides » (*id.*), allusion à l'apostrophe que le sujet adresse dans « La Muse vénale » de Baudelaire à

1. « Je leur semai de fleurs le bord des précipices » (*Athalie*).

cette « muse de [s]on cœur » qui doit, « Comme un enfant de cœur, jouer de l'encensoir,/ Chanter des *Te Deum* auxquels [il] ne croi[t] guère ». Si ces éléments militaires et religieux servent à montrer les vains efforts du sujet pour croire, ses élans velléitaires contaminent en retour l'image de l'Église et de l'armée, reconduisant l'assimilation entre catholicisme et casuistique offerte par « Jésuitisme » et superposant la guerre et sa légitimation religieuse (cf. la section « La Religion est glorifiée » des *Châtiments*...) ; l'Arc de Triomphe de Paris avait été construit sur l'ordre de Napoléon Ier... Comme le montreront « César Borgia » et « La Mort de Philippe II », Verlaine n'aime ni l'Empereur, ni le Pape.

UN TROUVÈRE INÉNARRABLE

Après « *Nevermore*, II », avec son évocation du Bonheur « Entre mes bras pressé », « *Il Bacio* » étonne par son ton joyeux et ingénu ; d'où l'idée qu'il s'agirait d'un poème datant – au plus tard (*Op.* p. 534) – de l'époque de la publication, en 1860, de la valse d'Arditi chantée sous ce titre. Ce badinage est en tout cas à lire au second degré, une mentalité juvénile survenant pour contraster avec le cynisme du « vieillard prématuré », le « Pas-encore » succédant au « Jamais-plus ». Un vers comme : « Vif accompagnement sur le clavier des dents » (*Ps.*, p. 75) n'étonne que si l'on méconnaît l'humour de cette métaphorisation précieuse. L'idée du « vers classique » qu'un « plus grand » pourrait offrir – un génie allemand (Gœthe) ou anglais (Shakespeare) – est ironique : ce « chétif trouvère de Paris » qui ne peut offrir qu'un « bouquet de strophes enfantines » (*id.*)[1] et ses archaïsmes appuyés (*en les cœurs*, *nonpareille*), est capable de produire un vers aussi peu classique que « Tu consoles et tu + berces, et le chagrin » (*id.*), la discordance en 6-6 ne pouvant être éludée. La réflexivité du vers « Salut ! L'homme, penché + sur ta coupe adorable » (on se penche... sur la coupe du vers/verre)[2], relève d'un calembour et l'insistance lourde et « sonore » sur le mot « Baiser » au v. 5, suivi de « Volupté nonpareille » (p. 75), peut suggérer, comme au v. 4 d'« *Initium* », une idée moins candide exprimée malgré lui par le sujet, dont Verlaine se détache à nouveau.

1. Le « poète chétif » d'« À une mendiante rousse », ne peut offrir à la mendiante que ses vers (ses *fleurs du Mal*)...

2. Cf. « À nous qui ciselons les mots comme des coupes » dans « Épilogue », *Ps.*, p. 93.

« Dans les bois » opère un nouveau changement de voie, tout en reprenant la forme strophique d'« *Il Bacio* » : « D'autres, – des innocents ou bien des lymphatiques,/ Ne trouvent dans les bois que charmes langoureux » (p. 76), ce qui redéploie les « langueurs charmeresses » (p. 75) d'« *Il Bacio* » dont le sujet est à ranger dans la catégorie des « innocents » – mais nullement le poète.

Dans ce début de la seconde moitié du recueil, ponctué de liaisons entre les poèmes, prenant la forme de contrastes aussi bien que celle de reprises thématiques et lexicales, Verlaine se définit, avec un humour auquel on s'est peu intéressé, par rapport au romantisme idéaliste (« *Initium* ») comme par rapport au courant antiquisant et impassible antinomique (« Çavitrî »), plongeant dans le romantisme noir (« *Sub urbe* » et « Sérénade »), avant de revenir à l'Art impassible (« Un dahlia ») et de fournir des évocations, complémentaires, d'un cynisme radical et d'une extrême naïveté (« *Nevermore*, II » et « *Il Bacio* »). Cette polyphonie ne permet pas de distinguer le vécu de l'imaginaire. À l'instar de Baudelaire, Verlaine prépare des pièges, avec succès : la critique s'y est souvent engouffrée faute d'explorer l'implicite des poèmes et de comprendre que chacun de ces sujets lyriques ou satiriques ne peut se confondre avec « la voix de Verlaine » : il faut induire les valeurs poétiques et morales du poète d'une lecture attentive aux ironies et aux contradictions de ces textes.

Le poète ne se définit pas en se ralliant à une bannière, romantique ou parnassienne, mais en s'attaquant aux effusions sentimentales, à la fuite vers les sujets antiques, à l'esprit de sérieux. La seconde moitié de la section développera le versant subversif du recueil en s'attaquant à l'Église et à la tyrannie et en évoquant obliquement l'homosexualité (« Marco »). Malgré les fréquentes évocations de la mort en fin de recueil et en dépit des sentences de « *Nevermore*, II », cette récurrence n'est pas à envisager sous les angles exclusifs de la fatalité et de l'humour : la mort sert à suggérer des culpabilités, à désigner les responsables, vaguement dans « *Sub urbe* », nettement dans « La Mort de Philippe II » et « César Borgia ». Cette historicité supposera la possibilité d'une résistance de l'artiste, laquelle aide peut-être à comprendre comment on arrive à l'optimisme de l'« Épilogue », comme si l'écriture permettait d'échapper aux marais de la souffrance individuelle en s'inscrivant dans une communauté qui, « Nocturne parisien » le montrera, ne se limite pas à celle des poètes.

4

Étude grammaticale et commentaire stylistique : « Bruxelles. Chevaux de bois », Romances sans paroles, p. 141-142

BERTRAND DEGOTT

QUESTIONS

1. *Lexicologie [4 points]*
   a) Étudiez la suffixation adjectivale. *[2 points]*
   b) Étudiez *tournois* (v. 10) et *dépêchez* (v. 21). *[2 points]*
2. *Morphosyntaxe [10 points]*
   a) Étudiez les déterminants dans l'ensemble du poème. Vous pourrez situer votre étude dans une perspective d'histoire de la langue. *[8 points]*
   b) Faites toutes les remarques que vous jugerez nécessaires sur *C'est ravissant comme ça vous soûle/D'aller ainsi dans ce cirque bête* (v. 13 et 14). *[2 points]*
3. *Stylistique* *[6 points]*
   Étudiez la métaphore et la comparaison.

LEXICOLOGIE

N.B. En accord avec les nouvelles dispositions de l'épreuve (Voir le Rapport de jury 2005), on a choisi parmi les trois possibilités celle qui revient à combiner les deux types de questions que sont l'étude synthétique et l'étude de mots.

a) Question d'ensemble : la suffixation adjectivale

Cette question conduit à étudier une des deux formes essentielles de la dérivation en français, la suffixation. Toutefois, la question ne recouvre ni celle qui consisterait à demander d'étudier les adjectifs suffixés, ni cette autre qui porterait sur la suffixation à base adjectivale. Étudier la suffixation adjectivale, en effet, c'est étudier la dérivation suffixale où l'adjectif intervient soit comme base de dérivation, soit comme mot construit, soit les deux à la fois.

Comme base de suffixation, l'adjectif peut servir à construire un autre adjectif (*blanch-âtre*), un nom (*banal-ité*, *petit-esse*), un verbe (*légal-iser*) ou un adverbe. Le seul cas de suffixation sur une base adjectivale est l'adverbe *lentement* au v. 25. Cette suffixation, très productive en français (*longuement*, *nettement*, etc.), utilise pour base la forme longue (= le féminin) de l'adjectif, ici *lente*, et le morphème dérivationnel *-ment* (de l'ablatif latin *mente*) indiquant la manière : ainsi *lentement* signifie « de manière lente ».

Les autres cas sont des adjectifs construits par suffixation – *vainqueur* (v. 12), *ravissant* (v. 13) et *joyeux* (v. 28), – tous les trois au masculin singulier. L'adjectif et nom *vainqueur* est formé sur la base *vainqu-* du verbe *vaincre*, comme *rieur* sur *rire* et *chanteur* sur *chanter* ; à leur différence toutefois, il n'accepte pas la flexion de genre *-eur*, *-euse*. L'adjectif *ravissant*, *-ante* est un « adjectif verbal », comme *charmant(e)* ou *calmant(e)* : il est formé sur la base *raviss-* du verbe *ravir*, au moyen du suffixe *-ant*, *-ante*. Formés tous deux sur une de ses bases (celle du pluriel au présent de l'indicatif), ces adjectifs sont glosables en contexte au moyen du verbe : le piston joue comme s'il avait vaincu et la griserie due au manège ravit. Quant à *joyeux*, il est comme *malheureux* ou *soucieux* formé sur une base nominale (*joy-*, allomorphe de *joie*) au moyen du suffixe *-eux, -euse*, au sens de « qui exprime de la joie ».

Comme *vainqueur*, mais sans hypallage, *joyeux* caractérise le « son », la musique de l'orchestre dont le poème décline les instruments. Ces trois adjectifs suffixés, qu'on peut considérer comme des « axiologico-affectifs » dans la terminologie de Catherine Kerbrat-Orecchioni[1], traduisent en effet la subjectivité du locuteur et contribuent à la tonalité euphorique du poème, qui le situe du côté de la comédie.

b) Étude de mots

– tournois, v. 10

Nom masculin employé ici au pluriel comme le montrent le « groupe déterminant »[2] *tous vos* et la flexion *-s*. Complément circonstanciel de lieu

1. *L'Énonciation*, Paris, Armand Colin, 1999, p. 96. C'est-à-dire qu'ils combinent une réaction émotionnelle et un jugement de valeur, positif ou négatif, émanant du sujet, en même temps qu'ils énoncent une propriété de l'objet.

2. Pour la distinction entre *déterminant complexe* et *groupe déterminant*, voir « morphosyntaxe », a.

(complément de phrase), introduit par la locution *autour de*. C'est historiquement le déverbal de *tournoyer*.

En langue, *tournoi* est d'abord un mot de civilisation. Il désigne une « fête militaire où les chevaliers du moyen âge déployaient leur adresse en joutant ou en combattant les uns contre les autres » (Littré). « Le mot s'est aujourd'hui répandu dans le langage des jeux et des sports pour désigner un concours à séries d'épreuves et de manches »[1] : *tournoi d'éloquence, d'échecs*, etc.

En contexte, on peut voir là un exemple de « méprise » verlainienne : la série morphologique *tournez, tours, autour* et plus généralement l'isotopie du mouvement circulaire (*cirque, galops ronds*) donnent à *tournoi* le sens de *tournoiement*. D'un autre côté, la citation en exergue et l'hypotexte qu'elle déclare motivent aussi le sens historique. En effet, ces quatre vers sont tirés d'une ballade d'Hugo[2], qui relate un pas d'arme, c'est-à-dire un tournoi où combattent tous les chevaliers.

– dépêchez, v. 21

Le verbe *dépêcher* est ici à la 2e personne du pluriel (P5) du présent de l'impératif ; le verbe est employé absolument (c'est-à-dire sans complément d'objet). En diachronie, *dépêcher* est l'antonyme, formé par substitution de préfixe, de *empêcher* (du bas lat. *impedicare*, lui-même formé sur la base du lat. *pedica*, « lien aux pieds », qui a donné *piège* en français) : au XIIIe siècle, il signifie « se libérer » en emploi pronominal. En synchronie, *dépêcher* est un mot simple : aucun rapport n'est plus senti par le locuteur moyen entre *empêcher* et *dépêcher*.

En langue, c'est la construction verbale qui permet de structurer le champ sémantique : on distinguera donc pour simplifier entre l'emploi transitif et l'emploi pronominal :

1. *dépêcher qqn*, « l'envoyer en hâte ».
2. *se dépêcher*, « se hâter ».

Notons que les sèmes du sens 1 se retrouvent dans le nom déverbal *dépêche*, « information transmise par voie rapide ».

Dans le poème, Verlaine utilise le verbe absolument, c'est-à-dire comme s'il était intransitif, avec le sens qu'aurait le pronominal *Dépêchez-vous*. Cet emploi au sens de « se hâter » semble néanmoins restreint à

1. *Dictionnaire historique de la langue française*, dirigé par Alain Rey, Paris, Le Robert, 1992, rééd. 1994.
2. « Ballade douzième. Le Pas d'armes du Roi Jean », *Odes et ballades*, *Œuvres poétiques*, t. I, p. 529.

l'impératif. On le trouve déjà dans le théâtre classique (Littré donne des exemples tirés de Corneille et de Molière), mais il est aujourd'hui senti comme familier (*Allez ! dépêche...*). Le niveau de langue familier s'accorde avec l'énonciation-discours et le style parlé du poème.

MORPHOSYNTAXE

a) Les déterminants

Le paradigme des déterminants réunit deux classes distinguées par la grammaire traditionnelle, celle des articles et celle des adjectifs parfois dits « déterminatifs »[1]. D'un point de vue morphosyntaxique, le déterminant est l'indice du nom : il le précède et il est parfois seul à porter — notamment à l'oral — ses marques de genre et de nombre. En tant que son actualisateur, il permet l'insertion du nom dans le discours. On peut donc dire que le déterminant est au même titre que le nom un constituant obligatoire du groupe nominal, qu'il constitue avec lui la forme canonique de ce groupe (GN → Dét + N). Aussi une question sur les déterminants oblige-t-elle également à considérer les cas où le nom n'est pas déterminé.

La catégorie des déterminants comporte deux sous-classes, les définis et les indéfinis. Cette distinction, qui permet aussi de structurer la classe des articles (*le, la, les* vs *un, une, des*), est avant tout sémantique. Elle correspond néanmoins à des comportements syntaxiques différents. D'une part, il existe de nombreux contextes où l'une des deux classes apparaît à l'exclusion de l'autre[2] ; d'autre part, lorsque le GN est COD, les GN définis sont pronominalisables par *le, la, les* (pronoms de P3 et de P6, morphologiquement homonymes de l'article défini), les indéfinis au moyen du pronom adverbial *en*, éventuellement en corrélation (*tu vois nos amis → tu les vois ; nous rencontrons des/plusieurs amis → nous en rencontrons [plusieurs]*). Cette distinction structurera le début de l'exposé ; on étudiera ensuite les cas qui y échappent, puis les cas d'absence de déterminant.

1. Voir par exemple Maurice Grevisse, *Le Bon Usage*, Gembloux, Duculot, 1975, § 340.

2. Par exemple la forme impersonnelle tend à exclure les définis (* *Il arrive* tes *invités* / *Il arrive* des *invités*). Voir Martin Riegel, Jean-Christophe Pellat, René Rioul, *Grammaire méthodique du français* [désormais *GMF*], PUF, rééd. 1998, p. 152.

1. Les déterminants définis

Cette classe comporte l'article défini, le déterminant possessif et le déterminant démonstratif. Les trois catégories sont ici représentées.

1.1 L'article défini

Les trois formes sont attestées : *le* (masc. sing., v. 5, 15, 25), *la* (fém. sing., v. 5, 7, 15, 22, 24), *les* (plur., v. 8). La forme *l'* résulte de l'élision devant voyelle ou *h* muet de *le* (*l'œil*, v. 11 ; *l'amant*, v. 27) et de *la* (*l'amante*, v. 27) : on peut ici parler de neutralisation de la flexion de genre.

Il faut aussi rappeler qu'après les prépositions *à* et *de*, les formes *les* et *le* sont amalgamées : *au* (v. 4, 7, 12, 28) est la contraction de *à + le ; du* (v. 11, 12) celle de *de + le* ; *des* (v. 4, 28) celle de *de + les ; aux* (*à + les*) n'est pas dans le poème. Le test de commutation permet de mettre en valeur le caractère composite de l'amalgame : au v. 4 par exemple, *au* peut commuter avec *dans le*, *des* avec *de ces*. Si ce test défend de reconnaître l'article indéfini dans les deux occurrences de *des*, on pourrait à l'extrême rigueur analyser les deux occurrences de *du* au v. 16 comme des amalgames, où la préposition *de* marquerait la provenance, le prélèvement.

Dans une perspective historique, on mentionnera *autour*, dont l'étymologie, qui comporte un amalgame (*à + le + tour*), est réactivée par le contexte (*tournez*, *tours*, *tournois*).

Un dernier problème concerne *la Cambre* (v. 7) : comme d'autres toponymes, ce nom propre comporte un article défini à l'exclusion de tout autre déterminant.

1.2 Le déterminant possessif

Le déterminant possessif a le même système de référence que le pronom personnel, auquel il est morphologiquement lié, c'est-à-dire qu'il comporte un morphème de personne correspondant au possesseur (*vos dos* = **les dos de vous*). Ainsi, *vos* (v. 6, 10, 19) est un déictique de P5, désignant les chevaux apostrophés, *leur* (v. 6, 9, 21) reprend la P6, en l'occurrence le soldat et la bonne délocutés[1].

Dans *tous vos tournois* (v. 10), *tous* est facultatif : on considérera donc *tous vos* comme un « groupe déterminant » réductible à *vos* (à ne pas confondre avec un « déterminant complexe » comme *beaucoup de* ou

1. Le « délocuté » est la personne absente de l'acte de communication, celle dont on parle (par opposition au locuteur et à l'allocutaire), le « délocutif » de Damourette et Pichon.

n'importe quel[1]). *Tout*, qu'on trouve sous toutes ses formes devant le déterminant défini, peut être considéré comme un prédéterminant ; historiquement il détermine le pluriel *jours* dans le GN qui forme l'adverbe *toujours* (v. 3).

Dans une perspective diachronique, il faut encore mentionner *madame* (v. 24), formé du possessif *ma* et du nom *dame*. Employé absolument et sans déterminant, *Madame* désigne la maîtresse de maison, pour les domestiques (ici pour la bonne), c'est une sorte de nom propre de discours, qui garde du possessif de P1 sa valeur déictique.

1.3 Le déterminant démonstratif

Le démonstratif en général peut prendre une valeur anaphorique ou déictique. Le texte comporte deux occurrences du déterminant démonstratif masculin singulier devant consonne. Ainsi, *ce jour* (v. 7) a le sens de « aujourd'hui » : c'est donc très clairement un emploi de type déictique, c'est-à-dire renvoyant à la situation d'énonciation. Le cas de *ce cirque bête* (v. 14) est plus complexe, car il pourrait bien s'agir d'une expression anaphorique du manège auquel le co-texte fait allusion, mais la valeur déictique ne saurait être exclue.

2. Les déterminants indéfinis

À la fréquence des définis s'oppose la rareté des indéfinis ; on notera en particulier l'absence de tout article indéfini.

2.1 Les déterminants numéraux (numéraux cardinaux)

Quoiqu'ils assurent le rôle de quantificateurs, leur référence reste indéfinie. Les numéraux *cent* et *mille*, au v. 2, peuvent illustrer la propriété énoncée plus haut : les GN objets de *tournez* sont tous deux pronominalisables par un pronom discontinu constitué de *en*, pronom adverbial, et du numéral (*tournez-en cent/mille*).

2.2 L'article partitif

Cet article détermine les noms massifs (*du beurre, de la farine*) et abstraits : contrairement aux numéraux, il assure donc une quantification imprécise. Comme dit plus haut, on préfère analyser comme tels les deux formes de *du* au v. 16.

1. Voir *GMF*, p. 153.

3. Autres déterminants

Dans la mesure où il commute aussi bien avec des définis qu'avec des indéfinis, le déterminant *nuls* (v. 18) mérite d'être traité à part. On notera que Verlaine l'utilise au pluriel contre l'usage qui veut que *nul* déterminant, comme *aucun*, s'emploie au singulier[1]. Une autre occurrence de ce type d'emploi se trouve dans « *Streets*, II », où « l'eau jaune comme une morte/Dévale ample et sans nuls espoirs/De rien refléter que la brume » (*Rsp.*, p. 151). Le pluriel peut évidemment s'expliquer par la rime pour l'œil (*éperons :: ronds, espoirs :: noirs*), mais ce n'est peut-être pas la seule raison. On remarquera alors que *nuls* est facultatif ; or s'il est vrai que son emploi est conditionné au contexte négatif induit ici par la locution conjonctive *sans que*, sa présence dans ce contexte tend à lui donner une valeur positive[2]. On peut ainsi considérer que Verlaine envisage bien un pluriel, plutôt que la quantité nulle.

4. L'absence de déterminant[3]

Sans revenir sur *madame* (v. 24) déjà commenté en *1.2*, on distinguera six types de contextes qui facilitent, voire contraignent, l'absence de déterminant :

1 - l'article partitif et l'article défini pluriel s'effacent après la préposition *de* (« règle de cacophonie ») : *de foin* (v. 20), *D'astres* (v. 26) ;

2 - le nom appartient à une locution figée *en personne* (v. 8), *en masse, en foule* (v. 16), *sans qu'il soit besoin* (v. 17) ;

3 - le nom appartient à un groupe prépositionnel qui indique une matière : *de bois* (v. 1), *en velours* (v. 25), *en or* (v. 26) ;

4 - le nom est mis en apostrophe : *chevaux* (v. 1, 9, 21) ;

5 - le nom est pris dans une énumération totalisante : *pigeon et colombe* (v. 23), et de façon plus discutable (V. *infra*, morphosyntaxe, b) *bien dans le ventre et mal dans la tête* (v. 15) ;

6 - le nom fait partie d'un complément de phrase introduit par *sans* : *tournez, sans espoir* (v. 20).

1. Grevisse, *Le Bon Usage*, *op. cit.*, § 447. Le *Petit Robert* donne cet emploi pour littéraire.

2. En « atmosphère forclusive » (marquée par *sans* ou *sans que*), la valeur négative de *nul* s'inverse pour prendre le sens du latin *ullus*, « quelque » (voir Nathalie Fournier, *Grammaire du français classique*, Belin, 2002, § 360, p. 237).

3. Pour une analyse plus complète de la question, se reporter à *GMF*, p. 163-167.

b) Remarques nécessaires

« C'est ravissant comme ça vous soûle/ D'aller ainsi dans ce cirque bête » (v. 13 et 14).

Les deux-points prenant au v. 14 leur valeur explicative, on peut considérer le segment comme une structure syntaxique autonome formée de deux phrases enchâssées :

P_1 *C'est ravissant comme* P_2.
P_2 *Ça vous soûle d'aller ainsi dans ce cirque bête.*

La *question principale* qui se pose est liée au type de construction (inversion de l'ordre thème-propos) auquel on a affaire dans chacune des phrases ci-dessus. On peut en effet hésiter entre dislocation emphatique et tour impersonnel, et, singulièrement, sur le statut des démonstratifs *c'* et *ça :* chacun de ces pronoms fonctionne-t-il comme représentant ou comme pur régisseur verbal ? Alors que l'hypothèse de la forme d'emphase par dislocation à droite s'impose de prime abord, l'absence de ponctuation après *ravissant* et après *soûle* peut mener à la nuancer. La *Grammaire méthodique du français* souligne que cette dernière structure de phrase, qui correspond au détachement des infinitifs ou des complétives sujets, « ressemble à celle de la phrase impersonnelle »[1]. Différents tests peuvent alors être convoqués pour caractériser ces deux propositions et si possible les distinguer :

1 - Commutation de *il* impersonnel avec *ce/ça*. Le test échoue dans les deux cas, mais pour des raisons inverses. **Il est ravissant comme ça vous soûle* est peu probable, contrairement à *Il est ravissant de voir comme ça vous soûle.* **Il vous soûle d'aller ainsi dans ce cirque bête* est douteux, alors que *Il vous déplaît d'aller...* est acceptable. Pour P_1, c'est la nature du segment détaché qui fait obstacle à la tournure impersonnelle ; pour P_2, c'est le verbe *soûler.*

2 - Effacement du segment détaché. Alors que le test échoue pour la séquence impersonnelle (**Il est probable*), il produit ici deux énoncés acceptables : *C'est ravissant, Ça vous soûle.* C'est un argument en faveur de l'emphase.

1. Voir *GMF*, p. 428 et 429.

3 - Permutation des deux groupes (dislocation à gauche). *Comme ça vous soûle, c'est ravissant* met en valeur la nature exclamative de la séquence reprise ; *(D')Aller dans ce cirque bête, ça vous soûle* de même confirme l'hypothèse de l'emphase.

4 - Retour à la phrase de base/non emphatique. Si *ce/ça* est cataphorique, le segment détaché peut être placé en position sujet : *(D')Aller dans ce cirque bête vous soûle* est acceptable alors que **Comme ça vous soûle est ravissant* fait problème ; il semble pourtant que cela tienne moins à la nature propositionnelle du « sujet » qu'au subordonnant exclamatif : *? Que ça vous soûle est ravissant.*

En conclusion, si P_2 correspond typiquement à une structure emphatique, c'est moins net pour P_1. Dans les deux cas, pourtant, *ce* (*ça*) « remplit syntaxiquement la place du sujet tout en " réservant une place ", sémantiquement, à l'élément qui va venir en fin d'énoncé »[1]. On conviendra donc avec Pierre Le Goffic que « c'est typiquement un cas de continuum » et que nos deux phrases présentent « une structure à étudier pour elle-même »[2].

Une *question secondaire* concerne d'autres phénomènes d'anaphore. *Ce cirque bête*, grâce au déterminant démonstratif, peut reprendre le contexte dans sa globalité, mais cette interprétation n'exclut pas la valeur déictique (voir morphosyntaxe, a, 1.3). L'adverbe *ainsi* – glosable par « de cette manière » – peut aussi s'envisager comme un adverbe de reprise. Quant à lui affecter un référent, on pourra hésiter entre *[comme] le gros soldat, la plus grosse bonne* (référence anaphorique) et *bien dans le ventre et mal dans la tête* (référence cataphorique) ; la seconde hypothèse revient à traiter *bien* et *mal* au v. 15 comme des adverbes suivis chacun d'un complément de détermination (V. morphosyntaxe, a, 4).

Une *dernière question* touche au statut du pronom conjoint de P5, *vous*. L'énonciation du poème pourrait conduire à interpréter ce déictique sur le même plan que tous les autres indices de P5, c'est-à-dire comme s'adressant aux chevaux apostrophés tout du long. Mais cette interprétation s'accommode plus ou moins bien du contenu de la strophe, c'est-à-dire des procès dans lesquels *vous* est sémantiquement impliqué comme actant, soit objet (de *soûler*), soit sujet (d'*aller*). Il faudrait plutôt

1. Pierre Le Goffic, *Grammaire de la phrase française*, Paris, Hachette Supérieur, 1993, § 94, p. 145-146.
2. *Ibid.*

conclure à un changement énonciatif, ce que confirmerait d'ailleurs la position centrale du quatrain. Dans cette hypothèse, le pronom de P5 correspond à ce que les grammaires appellent un « datif éthique », lequel « s'interprète comme une invitation directe au destinataire (littéralement pris à témoin) à s'investir affectivement dans l'action décrite »[1]. Sous l'apostrophe rhétorique aux chevaux, l'adresse lyrique postule entre le poète et son lecteur une communauté d'impression et de sensation.

STYLISTIQUE : LA MÉTAPHORE ET LA COMPARAISON

N.B. En accord là aussi avec les nouvelles dispositions, la consigne identifie un phénomène – en l'occurrence rhétorique –, dont il convient de présenter l'étude stylistique sous une forme rédigée. Une question portant sur l'énonciation aurait été, elle aussi, pertinente.

L'image est une notion complexe qui, peut-être parce qu'elle est « au cœur du travail poétique »[2], se trouve assez peu définie. Bernard Dupriez cependant propose d'appeler *image littéraire* (qu'il oppose à l'*image visuelle*), « l'introduction d'un deuxième sens, non plus littéral, mais analogique »[3]. Contrairement à ce qui se produit avec les deux autres figures de sens (ou *tropes*) que sont métonymie et synecdoque, la relation entre le sens propre et le sens figuré dans le cas de la métaphore n'est pas logique mais analogique. Catherine Fromilhague et Anne Sancier étudient la comparaison comme « figure associée », l'allégorie comme « figure voisine » de la métaphore, ces deux figures reposant elles aussi sur cette « rupture d'isotopie »[4] que suppose l'analogie. On entend donc *image* ici comme un terme générique incluant la métaphore[5] et la comparaison, mais aussi l'allégorie.

Le poème « Bruxelles. Chevaux de bois » naît d'une circonstance clairement identifiée par le paratexte, à savoir le passage de Verlaine en

1. *GMF*, p. 226.
2. B. Dupriez, *Gradus. Les Procédés littéraires*, Paris, 10/18, 1984, p. 241.
3. *Ibid.*, p. 242.
4. C. Fromilhague et A. Sancier, *Introduction à l'analyse stylistique*, Paris, Bordas, 1991, p. 134.
5. Pour une analyse approfondie de la métaphore, on consultera Jacques Dürrenmatt, *La Métaphore*, Paris, Champion, « Unichamp-Essentiel », 2002, et Éric Bordas, *Les Chemins de la métaphore*, Paris, PUF, « Recto-verso », 2003.

août 1872 sur le champ de foire de Saint-Gilles-lez-Bruxelles. Toutefois il ne s'agit ni d'une description d'un manège, ni d'une page d'écriture de soi, mais d'un texte lyrique, où l'image devient un moyen de styliser la circonstance individuelle, d'en étendre et d'en multiplier prolongements et ramifications, d'en révéler l'altérité cachée.

Images et animalisation

Au vers 23, *pigeon et colombe* désigne par métaphore le couple du soldat et de la bonne. On remarquera comment l'ennéasyllabe césuré 4-5 les présente au v. 5, à raison d'une mesure par personnage (*Le gros soldat, + la plus grosse bonne*), avant de les réunir ensuite dans la mesure de 5, mais aussi comment l'économie strophique superpose alors en chiasme, au troisième vers des deux derniers quatrains, le comparant *pigeon et colombe* et le comparé *l'amante et l'amant*. Dans une première lecture, la métaphore aviaire désigne le couple des tourtereaux, *colombe* et *pigeon* pouvant s'entendre l'un et l'autre comme termes d'affection (vocabulaire hypocoristique).

La comparaison du v. 6, *sur vos dos comme dans leur chambre*, du fait de l'absence de motif[1], reste problématique. *Leur chambre* pouvant désigner une chambre commune, la comparaison éveille des sous-entendus sexuels autour de la notion implicite de chevauchement.

Enfin, *cirque bête* peut s'entendre à la fois comme « carrousel stupide et vain » et comme « cirque animalier » : à califourchon sur des chevaux de bois, les amants en congé sont aussi des oiseaux, qui tout à la fois s'ébattent et roucoulent.

Images et dérision

L'animalisation est un procédé de la satire. La métaphore aviaire tourne en dérision les personnages en les ramenant à des types comiques : *colombe* signifie « jeune fille pure et candide » (*Petit Robert*) et *pigeon* est un synonyme familier de *dupe*. C'est là une seconde lecture, plus ironique, de la métaphore aviaire, en accord avec la comédie de mœurs qui est l'une des dimensions du poème.

1. « On appelle motif la qualité commune qui unit comparé et comparant » (C. Fromilhague, A. Sancier, *Introduction à l'analyse stylistique, op. cit.*, p. 136).

On peut nommer « prosopopée » l'adresse à une collectivité d'inanimés[1] : le poète met en scène les chevaux de bois et les prend à témoins de l'intrigue amoureuse qui se trame en l'absence des maîtres. La citation d'Hugo déjà mentionnée est l'indice de la métaphore que file tout le poème. En effet Verlaine anime les chevaux de bois pour un jeu intertextuel (et paratextuel) assez complexe.

On notera alors comment il tire l'inspiration médiévale et noble du côté du prosaïque. L'*agile alezan* fait place aux *bons chevaux* d'un manège forain : « Tournez, dadas », dira plus trivialement encore le poème de *Sagesse* (*Po*, p. 286 et 287). Un même travestissement burlesque affecte le *Saint Gille* de l'exclamation : amputé de son *-s* par licence poétique, il le retrouve dans le paratexte final en devenant le toponyme d'un faubourg industriel de Bruxelles. Ainsi, la référence aux *éperons* (v. 18), aux *galops* (v. 19) comme au *foin* (v. 20), sinon négative du moins nécessairement métaphorique, récrit Hugo « sur le mode mineur » (*Fg.*, p. 97) et, ce faisant, tourne son emphase en dérision[2].

Aussi dérisoires sont les images précieuses déployées dans la dernière strophe, *ciel en velours*, *astres en or* sont autant d'images rebattues. La topique semble ici garante d'un finale joyeux, même si le vocabulaire métaphorique (*velours, or, se vêt*) paraît contredire le départ d'amants aussi modestes que prêts à se dévêtir.

Vers l'allégorie

À considérer toujours l'économie métrique et strophique, on voit se superposer dans la seconde mesure du premier vers *bons chevaux de bois* (v. 1), *chevaux de leur cœur* (v. 9) et *chevaux de leur âme* (v. 21) : comment comprendre l'expansion *de leur cœur/âme ?* Selon une première interprétation, l'énonciateur déléguerait à ses personnages l'axiologico-affectif *bons* : les chevaux leur sont chers. Mais la relation nom/complément de détermination est aussi l'une des syntaxes possibles de la métaphore *in praesentia*, moyennant quoi les chevaux désigneraient par métaphore les sentiments et la vie intérieure.

1. C'est du moins ce qu'on peut tirer de la définition de Fontanier (cité par Anne Herschberg-Pierrot, *Stylistique de la prose*, rééd., Belin, 2003, p. 229). On comprend d'autant mieux que Fromilhague et Sancier comptent la prosopopée parmi les figures voisines de la métaphore (*op. cit.*, p. 156).

2. « Sans attendre,/ Çà, piquons ! » et « Je te baille/ Pour ripaille/ Plus de paille,/ Plus de son... » sont deux passages auxquels Verlaine semble faire allusion (Hugo, *Odes et ballades*, *Œuvres poétiques*, *op. cit.*, p. 531 et 533).

La strophe centrale est, on l'a vu, l'occasion d'un changement énonciatif. Le lecteur se trouve associé à la griserie, au tournis qu'occasionne le mouvement en pure perte du manège : c'est le sens propre de la phrase analysée plus haut (M*orphosyntaxe*, b). Mais si le mouvement rotatif est une métaphore de la vie amoureuse, le lecteur se voit encore impliquer dans ce mouvement, dont le poète dit ce qu'il a tout à la fois d'exaltant et de vain.

D'un recueil à l'autre, il est difficile de ne pas se rappeler, non seulement les tournoiements et tourbillonnements qui constituent un motif récurrent de *Fêtes galantes* (p. 98, 112, 113, 120), mais aussi singulièrement le poème « Colombine » (*Fg.*, p. 118-119) : *Colombe et pigeon* ne redonnent-ils pas sous la forme d'images d'Épinal Colombine et son cortège de dupes ? Ce tourbillon est bien sûr celui du désir sexuel. Plus généralement, Marta Vogler voit dans ce motif récurrent au sein de *Fêtes galantes* le « symbole de la gravitation de l'énergie spirituelle autour d'un centre, d'une force terrestre obscure qui empêche l'âme de participer à la vie et lui donne le sentiment de l'irréalité et de la mort »[1]. Malgré Bornecque, on peut en effet trouver chez le premier Verlaine comme l'intuition d'un grand courant physique et métaphysique qui fait tourner les êtres comme les astres, dont ici le manège forain serait l'une des nombreuses allégories possibles, et dont la manifestation stylistique la plus évidente est son goût pour la ritournelle.

Tableau social et comédie de mœurs, récriture d'Hugo en mineur, prosopopée obsessionnelle et exaltée soutenue par l'anaphore, avertissement au lecteur, tout cela se conjugue pour le tourbillon « rhythmique/ Extrêmement rhythmique » (*Ps.*, p. 56) de « Bruxelles. Chevaux de bois ». Le poème est bien dans la manière des *Romances sans paroles* par le haut degré d'incandescence auquel Verlaine porte le matériau poétique. La parole, précisément.

1. Cité par Jacques-Henry Bornecque, *Lumières sur les* Fêtes galantes, Paris, Nizet, 1969, p. 95.

Bibliographie commentée

STEVE MURPHY

ÉDITIONS

Éditions des œuvres complètes

J. BOREL et Y.-G. LE DANTEC, Verlaine, *Œuvres poétiques complètes*, Gallimard, « Bibliothèque de la Pléiade », 1989 [1962].

Philologiquement médiocre, mais des observations intéressantes.

J. BOREL, Verlaine, *Œuvres en prose complètes*, Gallimard, « Bibliothèque de la Pléiade », 1972.

Édition de référence, mais fautive, y compris pour des textes cruciaux comme les essais consacrés à Barbey d'Aurevilly et Baudelaire.

Y.-A. FAVRE, Verlaine, *Œuvres poétiques complètes*, Robert Laffont, « Bouquins », 1992.

Travail de compilation.

Principaux compléments

A. VIAL, *Verlaine et les siens, heures retrouvées*, Nizet, 1975.

L'auteur a exhumé deux sonnets homosexuels, « Henri III » et « César Borgia » ; le second est à rapprocher du « poëme saturnien » homonyme.

M. PAKENHAM, « Deux gazettes rimées composées par Verlaine et Coppée », *Rv.*, 3-4, 1996, p. 154-164 et P. Verlaine, *Nos murailles littéraires*, L'Échoppe, 1997.

Textes retrouvés, composés par Verlaine, seul ou en collaboration avec Coppée ou Lepelletier (quelques allusions aux *Poëmes saturniens*).

Éditions présentant plusieurs recueils

J. ROBICHEZ, P. Verlaine, *Œuvres poétiques*, Garnier, 1994 [1969].

Édition de référence. Riche annotation philologique, intertextuelle, historique et lexicale. Approche normative sur le plan moral mais aussi stylistique.

J. BOREL, P. Verlaine, *Fêtes galantes, Romances sans paroles* précédé de *Poèmes saturniens*, Gallimard, « Poésie », 1973.

Édition peu chère mais... sans grand intérêt.

O. BIVORT, P. Verlaine, *Fêtes galantes*, précédé de *Les Amies* et suivi de *La Bonne Chanson*, Le Livre de Poche classique, 2000.

O. Bivort, P. Verlaine, *Romances sans paroles* suivi de *Cellulairement*, Le Livre de Poche classique, 2002.
Ces deux éditions sont excellentes : mise en perspective judicieuse de l'évolution des projets poétiques de Verlaine, introductions brillantes (notamment pour les *Fêtes galantes*), indications lexicographiques utiles, annotation solide et éclairante.

Éditions de recueils individuels

P. Verlaine, *Fêtes galantes*, avertissement d'E. Delahaye, Messein, 1920 (réédition Bibliothèque de l'Image, 1997).
J.-H. Bornecque, *Lumières sur les* Fêtes galantes *de Paul Verlaine*, Nizet, 1969 [1951]. Recherche importante, explorant notamment la connaissance que Verlaine a pu avoir de l'œuvre de Watteau.
J.-H. Bornecque, *Les* Poèmes saturniens *de Paul Verlaine*, Nizet, 1977 [1952].
Recherche importante, à laquelle a présidé une approche biographique. L'édition est utile (malgré la prétendue ubiquité d'Élisa Dujardin dont le poète aurait été amoureux) grâce surtout aux recherches consacrées aux « sources ».
M. Bercot, Verlaine, *Poèmes saturniens*, Le Livre de Poche classique, 1996.
Édition lacunaire sur le plan philologique mais proposant des perspectives éclairantes touchant les allusions à Baudelaire et à la peinture.
S. Murphy, avec J. Bonna et J.-J. Lefrere, Verlaine, *Romances sans paroles*, Champion, 2003.
Comporte la reproduction du manuscrit utilisé pour l'édition de 1874 (sauf pour « Charleroi ») et de quelques autographes dépareillés, avec une introduction, une postface et des notes.
S. Murphy, Verlaine, *Poëmes saturniens*, Champion, 2007.
Édition philologique avec introduction, postface et notes.
S. Murphy, avec J. Bonna et J.-J. Lefrère, Verlaine, *Fêtes galantes*, Champion, 2007.
Édition qui fournit de nouveaux documents manuscrits et imprimés.

Concordances

F. Eigeldinger, D. Godet et E. Wehrli, *Table de Concordances rythmique et syntaxique des poésies de Paul Verlaine,* Poèmes saturniens, Fêtes galantes, La Bonne Chanson, Romances sans paroles, Genève, Slatkine, 1985.

Correspondance

A. van Bever, *Correspondance de P. Verlaine*, 3 vol., Messein, 1922, 1923, 1929.
M. Pakenham, P. Verlaine, *Correspondance générale*, t. I, *1857-1885*, Fayard, 2004.

À l'exception de quelques lettres publiées plus tard, le volume contient toutes les lettres envoyées par Verlaine et celles qu'il a reçues, avec les réactions publiées à l'époque. La datation et l'édition des textes ont été grandement améliorées et l'annotation est somptueuse.

LIVRES ET THÈSES

Biographie

E. LEPELLETIER, *P. Verlaine, sa vie, son œuvre*, Mercure de France (2e éd. 1923).

EX-MME P. VERLAINE, *Mémoires de ma vie*, Flammarion, éd. M. Pakenham, Champ Vallon, 1992 [1935].

A. BUISINE, *Verlaine, histoire d'un corps*, Tallandier, « Figures de proue », 1995.

Réflexion intéressante, sans recherches documentaires nouvelles.

J.-J. LEFRÈRE, *Arthur Rimbaud*, Fayard, 2001.

Très utile pour la période 1871-1874 de la vie de Verlaine.

Histoire littéraire, réception

O. BIVORT, *Verlaine*, Presses de l'Université de Paris-Sorbonne, « Mémoire de la critique », 1997.

Florilège très utile de réactions publiées du vivant du poète.

B. MARCHAL, *Lire le Symbolisme*, Dunod, 1993.

J.-N. ILLOUZ, *Le Symbolisme*, Livre de Poche, 2004.

Ces deux ouvrages donnent une vision nuancée du Symbolisme, éclairant les rapports entre ce mouvement et Verlaine.

Y. MORTELETTE, *Histoire du Parnasse*, Fayard, 2005.

Vision sociocritique bien documentée. Les résultats de l'enquête découlent en partie de ce que l'auteur cherchait : l'impassibilité, les allusions à l'antiquité, à la sculpture, l'apolitisme, d'où une conception qui minore le rôle joué par Mallarmé ou Verlaine. Impasse sur la dimension formelle, au cœur de la réception du Parnasse.

Y. MORTELETTE, *Le Parnasse*, Presses de l'Université de Paris-Sorbonne, 2006.

Choix de réactions contemporaines au Parnasse qui éclaire les reproches que l'on faisait au *Parnasse contemporain*. Très utile pour les *Poëmes saturniens*.

Approches générales

G. ZAYED, *La Formation littéraire de Verlaine*, Nizet, 1970 [1962].

Vision d'ensemble des « influences » subies par le poète, un peu datée mais souvent pertinente, très utile pour des poètes moins connus comme Glatigny ou Mendès.

J.-H. Bornecque, *Verlaine par lui-même*, Le Seuil, « Écrivains de toujours », 1966.
E. M. Zimmermann, *Magies de Verlaine. Étude de l'évolution poétique de Paul Verlaine*, Genève, Slatkine, 1981 [1967].
Analyse attentive et judicieuse.
J. Dalançon, *Poésie et peinture des* Fêtes galantes *de Verlaine aux* Complaintes *de Laforgue : 1869-1885*, Thèse Paris III, 3 vol., 1985.
I.-R. ChoiDiel, *Évocation et cognition. Reflets dans l'eau*, Presses Universitaires de Vincennes, 2001.
Travail cognitiviste comportant des analyses originales de textes des *Poëmes saturniens* et *Romances sans paroles*.
S. Murphy, *Marges du premier Verlaine*, Champion, 2003.
Exégèses de plusieurs poëmes saturniens et redéfinition du Parnasse, insistant sur la dimension politique de l'œuvre du premier Verlaine.
N. Wanlin, *Du pittoresque au pictural. Valeurs et usages des arts dans la poésie française de 1830 à 1872*, Université de Paris-Sorbonne (Paris IV), 2006.
L'auteur explore un sujet central pour l'appréciation des premiers recueils de Verlaine, démontant les métaphorisations abusives dont la critique a pu gratifier les poètes de son corpus avec une verve particulière lorsqu'il aborde l'*ekphrasis*.
A. Bernadet, *Fêtes galantes, Romances sans paroles*, précédé de *Poèmes saturniens de* P. Verlaine, Gallimard, « Foliothèque », 2007.
A. Bernadet, *L'Exil et l'Utopie. Politiques de Verlaine*, Publications de l'Université de Saint-Étienne, « Le XIXe siècle en représentation(s) », 2007.
S. Whidden, *Leaving Parnassus. The Lyric Subject in Verlaine and Rimbaud*, Rodopi, 2007.
Exploration de la crise du sujet lyrique chez Verlaine et Rimbaud. Des pages perspicaces consacrées aux *Poëmes saturniens* et aux *Romances sans paroles*.
P. Brunel, *Le Premier Verlaine, des* Poèmes saturniens *aux* Romances sans paroles, Klincksieck, 2007.

Choix de volumes collectifs

Dans les rubriques suivantes, des sigles ont été employés :
EL : L'École des Lettres, *Verlaine*, juin-juillet 1996, éd. S. Murphy.
Eur : Verlaine, éd. S. Murphy, *Europe*, 936, avril 2007.
FV : Forces de Verlaine, éd. Y. Frémy, *Revue des Sciences humaines*, 285, 2007.
LV : Lectures de Verlaine, éd. S. Murphy, Presses Universitaires de Rennes, 2007.
PMV : La Petite Musique de Verlaine, SEDES-CDU, 1982.
Rv : Revue Verlaine (Charleville-Mézières).
SV : Spiritualité verlainienne, Colloque de Metz, éd. J. Dufetel, Klincksieck, 1997.
VALL : Verlaine à la loupe, Colloque de Cerisy, éd. J.-M. Gouvard et S. Murphy, Champion, 2000.
V1896 : Verlaine 1896-1996, Colloque de Dijon, éd. M. Bercot, Klincksieck, 1998.

ARTICLES ET CHAPITRES

J.-P. RICHARD, *Poésie et profondeur*, Le Seuil, 1955. (« Fadeur de Verlaine », p. 163-185).

B. PRATT, « Verlaine et l'impressionnisme », *Revue d'Histoire littéraire de la France*, n° 6, nov.-déc. 1990, p. 899-923.

Démonte des clichés tenaces concernant le prétendu impressionnisme du poète.

J.-M. HOVASSE, « Hugo-Verlaine », 1996 :
http://groupugo.div.jussieu.fr/Groupugo/96-11-23hovasse.htm

G. ERNST, « Verlaine et l'" Absence " », *V1896*, 1998, p. 67-85.

A. BERNADET, « " Être poète lyrique et vivre de son état ". Fragments d'une théorie de l'individuation chez Verlaine », *Rv*, 7-8, 2002, p. 84-120.

H. SCEPI, « Diction et figuration (remarques sur les relations de l'image et du texte dans quelques poèmes de Verlaine) », *LV*, 2007.

N. WANLIN, « Le dispositif du paysage dans *Poèmes saturniens* et *Fêtes galantes* », *ibid.*

Poëmes saturniens

G. COMBET, « Un poème de l'attente frustrée. " Soleils couchants " de Paul Verlaine », *Poétique*, 42, 1980, p. 225-233.

O. BIVORT, « Verlaine et la rhétorique de la mélancolie », in *Sotto il segno di Saturno, malinconia, spleen e nevrosi nelle letteratura dell'Ottocento*, Bari, Schena Editore, 1994, p. 143-167.

T. CHAUCHEYRAS, « Verlaine – Cros : la reprise de la parole (ou, approches du texte lyrique hétérogène) », *Rv.*, 3-4, 1996, p. 89-113.

S. MURPHY, « Éléments pour l'étude des *Poëmes saturniens* », *Rv.*, 3-4, 1996, p. 165-274.

E. STEAD, « Gravures textuelles : un genre littéraire », *Romantisme*, n° 118, 2002, p. 113-132.

S. MURPHY, « Expressivité et rhétorique : " À une femme " », *FV*, 2007, p. 105-119.

A. BERNADET, « De la technique à l'éthique : le zigzag et le fouillis de l'eau-forte : " Marine " et " Effet de nuit " », *LV*, 2007.

S. DUPAS, « Le chant des " pensers clandestins " : poétiques obliques du désir dans les *Poèmes saturniens* », *ibid.*

Fêtes galantes

A.-M. FRANC, « Des fleurs et des branches dans les *Fêtes galantes* », *Rv*, 3-4, 1996, p. 114-119.

J. SANCHEZ, « " Colloque sentimental " de Paul Verlaine : stéréotypes et implicite dans le discours verlainien », *RV*, 3-4, 1996, p. 120-134.

J. FUKUDA, « L'ironie lyrique dans les *Fêtes galantes* », *Rv*, 5, 1997, p. 60-76.

G. GENETTE, *Figures IV*, Le Seuil, 1999 (« Paysage de fantaisie », p. 171-190).

P. ANDRÈS, « Verlaine et Banville, parallèlement », *VALL*, 2000, p. 291-306.
A. BERNADET, « César et Cléopâtre : la véritable philosophie de la " Lettre " », *Méthode*, 2007.
G. KLIEBENSTEIN, « La hantise du sens (les formes-spectres dans " Colloque sentimental " », *LV*, 2007.
S. MURPHY, « " En tapinois " des " sujets érotiques, si vagues " dans les *Fêtes galantes* », *ibid.*, 2007.

Romances sans paroles

C. HERVÉ, « Un livre de contradictions », *Eur*, 2007, p. 74-86.
J. SANCHEZ, « Analogies et désignation dans les *Ariettes oubliées* », *SV*, 1997, p. 151-169.
A.-M. CHRISTIN, « Le sujet de l'apparence : voir et dire dans *Romances sans paroles* », *V1896*, 43-53.
J. SANCHEZ, « Flou et force des représentations dans les *Romances sans paroles* », *VALL*, 2000, p. 201-224.
P. BRUNEL, « À propos de " *Beams* " », *Rv*, 9, 2004, p. 134-160.
S. WHIDDEN, « *Sagesse*, Paul Verlaine », *in L'Explication littéraire. Pratiques textuelles*, éd. R. Bourkhis, Armand Colin, 2006, p. 185-192 (lecture de « Chevaux de bois »).
G. DESSONS, « Verlaine, poète banal », *LV*, 2007.
Y. FRÉMY, « La cinquième *ariette oubliée*, entre mémoire et absence », *ibid.*
C. HERVÉ, « Le temps dans les *Romances sans paroles* », *ibid.*
P. LÉCROART, « Mythes et réalités : la musique dans les *Romances sans paroles* », *ibid.*
Article particulièrement utile pour repenser les rapports entre poésie et musique.
S. WHIDDEN, « Oiseaux dans la nuit : lecture de " *Birds in the Night* " », *ibid.*
A. BERNADET, « " Bruxelles. Chevaux de bois " : une machine à fabriquer le peuple », colloque de la Société des études romantiques et dix-neuviémistes, Presses de l'Université de Paris-Sorbonne, 2007.
C. HERVÉ, « Relecture de *Romances sans paroles* » *http://perso.wanadoo.fr/romances-sans-paroles*
Consultation obligatoire !

GRAMMAIRE, STYLISTIQUE ET VERSIFICATION

Ouvrages

J.-L. AROUI, *Poétique des strophes de Verlaine : analyse métrique, typographique et comparative*, Thèse Paris VIII, 2 vol., 1996.
L'auteur est le grand spécialiste des strophes du poète et sa thèse décisive a été suivie d'une série d'études complémentaires concernant les formes fixes de Verlaine.

J.-P. BOBILLOT, *Recherches sur la crise d'identité du vers. 1873-1913*, Thèse Paris III, Atelier national de reproduction des thèses, 4 vol., 1991.
Analyse originale de la transformation du vers, notamment chez Verlaine.
A. CHEVRIER, *Le Sexe des rimes*, Les Belles Lettres, 1996.
Histoire érudite et savoureuse de l'alternance en genre des rimes.
B. DE CORNULIER, *Théorie du vers. Rimbaud, Verlaine, Mallarmé*, Le Seuil, 1982.
Cet ouvrage, qui a révolutionné l'étude de la métrique française grâce à sa mise en place d'une méthode distributionnelle, accorde une place importante à Verlaine. Voir aussi du même auteur *Art poëtique. Notions et problèmes de métrique*, Presses universitaires de Lyon, 1995.
C. CUÉNOT, *Le Style de Paul Verlaine*, CDU, 2 vol., 1963.
Enquête attentive, datée en particulier pour la versification (notamment pour les qualités censément immanentes des mètres et la nature de la césure), mais souvent utile pour aborder le style de Verlaine.
A. ENGLISH, *Verlaine, poète de l'indécidable*, Rodopi, 2005.
Exploration stimulante d'ambiguïtés et d'ambivalences rythmiques.
J.-M. GOUVARD, *Critique du vers*, Champion, 2000.
Cette analyse prolonge les travaux de B. de Cornulier en abordant un corpus énorme d'alexandrins (Verlaine en est le principal point de référence).

Articles

M. GRIMAUD, « " Art poétique " de Verlaine, ou la rhétorique du double-jeu », *Romances Notes*, 20, 2, hiver 1979-1980, p. 195-201.
Réfutation d'idées reçues concernant ce poème.
N. RUWET, « Musique et vision chez Paul Verlaine », *Langue française*, 49, février 1981, p. 92-112.
B. DE CORNULIER, « Pour lire Verlaine : petit essai d'analyse du 4-6 », *EL*, 1996, p. 95-109.
J.-P. BOBILLOT, « " Et la tigresse épou pou pou... " : duplicités métrico-prosodiques dans les vers de Verlaine », *V1896*, p. 279-287.
É. DELENTE, « Les descriptions démonstratives chez Verlaine », *VALL*, 2000, p. 185-200.
J.-L. AROUI, « Métrique des sonnets verlainiens », *Rv*, 7, 2002, p. 149-268.
Enquête fondée sur une typologie précise et truffée d'observations neuves.
B. BUFFARD-MORET, *La Chanson poétique au XIXe siècle*, Presses Universitaires de Rennes, 2006.
Vision éclairante (p. 301-319) de l'importance pour Verlaine de la chanson.
B. DE CORNULIER, « La pensée rythmique de Verlaine », *Eur*, 2007, p. 87-96.
B. DE CORNULIER, « Sur la métrique de Verlaine dans les *Poèmes saturniens* », *LV*, 2007.
Ces deux articles fournissent des introductions claires à des aspects centraux de la versification verlainienne.

J. Dürrenmatt, « Le tiret et la virgule : notes sur la ponctuation poétique de Verlaine », *LV*, 2007.
Exploration révélatrice de la ponctuation verlainienne.
A. Bernadet, « Aperçus sur la *libre versification* chez Verlaine (1866-1874) », *Champs du signe*, 2007.

Index des poèmes cités

Dans la même collection :

– Geneviève Cammagre et Carole Talon-Hugon (dir.) - *Diderot, l'expérience de l'art*

– Marianne Lorenzi (dir.) - *Julien Gracq, les dernières fictions*

– Frédérique Toudoire-Surlapierre (dir.) - *La misanthropie au théâtre*

– Bruno Roger-Vasselin (dir.) - *Du Bellay, une révolution poétique ?*

– Jean-Yves Vialleton (avec Stéphane Macé) - *Rotrou, dramaturge de l'ingéniosité*

Achevé d'imprimer en France
sur les presses de
LG
52200 Langres - Saints-Geosmes
Dépôt légal : octobre 2007 - N° d'imprimeur : 6899